志賀一雅博士
生命媒體研究會 共著
陳埵拱 譯

潛能開發革命

——開拓新世紀的生命媒體

臺灣學生書局印行

風水與科技——代序

◆電腦亦是由風水演變而成的

自古以來，地理風水一直爲一般人所關心。

風水是一種占卜術。在中國已流傳四千多年，是讀取大地能量流動的技術。古代的人，要建造新都或新城市，均以風水來選定地點、方向。也有人利用於政治或戰爭。現代的人則都利用於日常生活。

古代建造新都，以風水選定理想的地點或許有其必要，但現在的人以風水的觀點，在房裡放置魚缸養魚，用以表示河川，而又在其旁邊擺著最新型的個人電腦，看來不是太彆扭了嗎？

時代最尖端的高科技機器與神秘的古代思想，同居一室，眞是奇妙的風景。然而，電腦這種高科技機器，與古代流傳下來的風水思想，卻有著一脈相傳之處。

電腦計算基礎的二進法是十七世紀時的數學家賴布尼茲(Gottfried Wilhelm Leibniz)應用中國易經的六十四卦開發的。

據很多學者的研究指出：中國易經的體系與遺傳基因的ＤＮＡ爲同樣的構造。構成宇宙的「陰」與「陽」的組合演變成六十四卦。這六十四卦與遺傳基因的ＤＮＡ同樣，描繪著雙重螺旋曲線。因此可以認爲：電腦與生命有著密不可分的關係。

科技進步神速，電腦越來越大型化，如ＩＢＭ等大企業推進的超大型電腦（Supper Computer），可以將所有的資訊集中在一巨大的主電腦（Host Computer）處理，各末端機均與主電腦連結，由主電腦統括，各末端機依主電腦的指令而動作。此一架構是一種徹底權力集中型的架構。

相反的，以新新文化爲背景的美國西海岸地區的年青電腦族，有的躲在倉庫的一角，有的在停車場旁的小屋子，集精會神的組裝屬於個人的小型電腦。每一個人都有屬於自己的個人電腦之後，爲了互通自己擁有的資訊，想出了以個人電腦構成網路的技術，形成了蘋果（Apple）個人電腦的風潮。以個人電腦構成網路，互通資訊的形式是典型的權力分散型態。

主「龍穴」的能量極大，可影響周圍；而末端「龍穴」的能量雖不大，但多數小「龍穴」連結起來，亦可形成一股不可忽視的勢力。

印地安人最初以晶體等物懸掛在身體上，並非只是裝飾，是因晶體可以吸取宇宙能量，並對人體放射宇宙能量，有益健康。現代的人亦有很多戴著手鐲或項鍊的，看來，新時代的文化，受古代的觀念之影響頗大。

晶體或能量石有調整人體的「氣」，使身心恢復平衡之功吧！廣義來解釋，吸取自然的能量之知慧亦是地理風水的一環吧！

◆一世傳一世的風水之叡智

在我們生存的地球，自然能量當然以地球的能量最大。也就是大地的能量最大。人類自古就已知大地有著很大的能量。這一種叡智一代傳一代，至今仍被很多人所重視。

其中，中國的風水術最具體。中國的風水所謂的「龍穴」是最能吸取大地能量的地點。大地的「龍穴」就如人體的「穴道」。人體的「穴道」是「氣」交會的地方，則「龍穴」可以說是大地精氣交會之處。

古代的印地安人以先人傳給他們的叡智，選定大地能量集中的「龍穴」，以石頭擺成一個環狀，將生病的人置於環狀石頭的中央，由巫師給病人治病。後來科魯特(Celt)人在環狀列石的輪廓加上了柱子，如現在英國古跡的石城。後來基督教會在柱子上搭起屋脊並加了屋頂。據實地調查，中國古代建造的皇宮、寺廟及日本的神社等都建造在景觀優美的地方，可能都在大地能量集中的「龍穴」上吧。

自古即認爲伐樹、塡埋池塘是不吉利的事。或許有些迷信，實際上是人類必須與大自然調和才能生存的風水之思想演變而成的觀念。

「風水」乃是極爲生態的想法。幾千年前，先人即已知自然能量對家庭、個人的運勢或健康的影響。在科學文明發達的今天，先人對風水的叡智逐漸被人輕視，甚至被認爲是迷信，眞是愚笨。事實上，一百年前，要建造新城市或新宅第，還是極爲重視風水。

到了第二次世界大戰後，隨著經濟的成長，社會急速近代化。很多人已不重視風水，不管自然能量脈動如何，削山、塡海，改變河川流向，以人工建造近代的新城鎭，改變了自然能量的脈動，亦給家庭、個人的運勢帶來殊多的影響。

◆生命媒體是新時代的風水

有人說，日本傳統的精神文化是寂居與幽雅。

五、六十年前，日本人建造住宅，一定要同時建造庭院。建造庭院時，喜歡以石頭和土，造成山與澗的形狀，並在澗中放流象徵生命根源的水。

庭院有山、有水，構成一幅山水，就是要使居住空間與大自然調和，使人住在其中，能以閒靜的心情調整心思，達到寂居、幽雅的境界。

人體的大部分是水，而電腦、電視、冰箱等機器則都由金屬或塑膠原料（石油化學原料）等礦物（岩石與土）所構成。水與岩石、土都是造成大自然的物質。大自然均極爲調和，也就是說：水與岩石、土本來就不應是對立的。人（水）與大自然（岩石與土）本來是應該調和的。

但，現在到處充斥著岩石與土，水流通的間隙實在太少了，尤其在城市，水只在下水道流，在地表面流的水已不多。

對這樣的現象，很多人已有所感覺，而積極倡導環境保護的意識。這是人類亟思再與大自然融合，並好好管理風水的思想又復活的明證。

由此看來，積極將風水或山水等世界觀反映於高科技的現代社會，調整人與機器的關係，恢復充滿調和的山水之自然觀已迫不及待。腦力開發研究所的志賀一雅博士以此一概念爲基礎，倡導「生命媒體」(bio-media) 的新概念。

「生命媒體」的內含將在本文詳爲說明，簡單的說，「生命媒體」是透過特殊精巧的變換裝置，將機器所發生的各種波動（音波、光波、電波等）轉變成爲具活化人體能量的波動。

志賀博士爲喚起世人的共鳴，使此一新的理論能早日普及，進入實用化的境界，結合有志一同，組成了「生命媒體研究會」。本書第一章及第二章說明生命媒體的概念及其可能性，由「生命媒體研究會」成員共同執筆，第三章與第四章，由志賀博士親自執筆，闡述生命媒體的理論，第五章爲志賀博士及「生命媒體研究會」成員的質疑，以問答的形式寫成，對初次認識「生命媒體」的讀者提供一些實用的啓示。

很多星相學者認爲：現代已自「魚座」的時代進入「水瓶座」的時代。魚座的時代，只要把身體置於水中，任水自由流動就萬事ＯＫ了，但水瓶座的時代，就得將水注入瓶中或自瓶中倒出水來，是要好好管理水的時代。

這裡所謂的水，不僅僅是生命根源的水而已，是包括自然能量、資訊與「氣」等概念的更大的流動之所有事象。水瓶座的時代，就得積極管理這些大流動，自由活用這些大流動。也就是要追求好好管理大流動的文明之時代。

全世界已逐漸建立起以電腦通信網路互相通訊的 INTER NET 之時代。以「生命媒體」驅使在電腦通訊網路中流動的「氣」，便是新時代的電腦風水術。

「生命媒體」可以說是未來的時代之山水，是高科技時代的風水。也是在二十一世紀結合人類與機器、科學與大自然的全新科技。

（生命媒體研究會）

潛能開發革命
——開拓新世紀的生命媒體

工學博士 志賀一雅 及生命媒體研究會共著

目次

第四章　以α波的狀態改變自己（志賀一雅） 一〇一

第一章　生命媒體的時代到來了

（生命媒體研究會）

新時代的門即將打開，
二十一世紀高科技的文明，
是否能對改善人類的生活有所助益，
端看「生命媒體」是否能快速普及。
新的科技，將使人類的生活帶來甚麼樣的改變呢？
首先介紹「生命媒體」的新概念是怎樣誕生的，
並說明最新理論的概要。

◆「心靈的時代」之技術開發

很多人都認爲將來的廿一世紀可能是「心靈的時代」、「精神的時代」。最近一百多年來，以物質爲中心的科學文明蓬勃發展，已面臨轉變期。這是很多人都可以明確看出的趨勢。

大量消費能源、破壞太空的臭氧層、地球的溫暖化等環境問題，以及以世界規模進行的經濟危機、人口問題、難民問題，都是人類追求便利所造成的結果。對這些現象，已有很多人站在反省的立場，深入思考，喊出了未來應是「心靈的時代」、「精神的時代」。

任何人都會說：地球確已面臨極大的危機。但沒有一個人能找出確切解決的方向。看來就像生存於北歐似小老鼠的小動物(lemming)，成群的走向滅亡一樣。預言家捉住很多人的這種意識，洞察大多數人的不安，預言人類即將走向滅亡。

我們可以看一看自己的周圍，豐綠的森林已被混凝土的高樓大廈所代替，小溪的流水聲或樹葉臨風發出的莎莎聲已由車輛奔馳的噪音或工廠發出的噪音所代替。現代的人只好在極大的壓力下過日子。

朝上醒來的瞬間，就開始在腦裡描繪這一天的時程，長時間的通勤、參加會議、與不同的人進行交涉……。不僅是薪水階級，家庭主婦與小孩子也被很大的壓力壓得喘不過氣。過勞死、神經病、離婚率的上升、逃學等已成爲嚴重的社會問題。

現代的人，物質生活雖然豐裕。但卻喪失了心靈的安定。因此，有些人倡導「回歸自然」。然而在高科技的大潮流中，要抑制技術的進步，實際上並不可能。但是，我相信方向是可以修正的，也就是要開發能將機械與人類與大自然連動的技術。我們追求的，不也就是這種積極的知慧嗎？

◆結合人與機械的生命媒體

最接近自己身體的自然是什麼？那當然是自己的身體了。人本來就是自然的一部分呀！而主司身體一切機能的是頭腦。

現在是科學文明或機械文明的時代。科學文明與機械文明確給生活上帶來很大的方便，但亦形成了很大的壓力。這是我們在發展科學文明與機械文明時，未能注意可能給頭腦帶來甚麼樣的影響，一味想發展科學文明或機械文明造成的結果。

人的頭腦長期間以來，一直被視爲未知的領域。因爲不便將活生生的人之頭腦解剖、實驗，當然不能瞭解其內涵。然而，最近十幾二十年來，腦生理學與腦化學顯著進步，已有不少有關人的頭腦之構造、作用等的資料公布。

其中，最受人注目的是：可將頭腦的組織架構與作用解明的「腦波」。人的頭腦有著很多腦神經細胞，不斷發出生體能量而活動，形成波動。腦波是將其波動，以電子技術捕捉的。有關頭腦的作用，將在次章詳細說明。簡單的說，測定人的腦波，就可以知道當時那個人的精神狀態或緊張的程度與能力發揮的程度。同時亦可以知道外界的音波或電磁波等波動對腦的影響。

尤其知道了某種波動可以促使頭腦活化，調適生體的狀態。此種波動，我們把它叫做「生命波」(bio wave)。

自然界本來充滿著小鳥的鳴叫聲、樹林臨風搖曳聲、太陽與月亮的光波等生命波。但人工造成的都市卻充滿著工廠的機械聲、汽車的噪音，與電子機器產生的電磁波等，可能破壞生體平衡，增幅壓力的波動。

因此，積極思考回復身心平衡的方法。我想：如能將生命波送進頭腦，一定可以使頭腦活化，消除緊張與壓力。而且將收音機、電視機、CD、電腦等媒體的聲音資訊，附於生命波，送進頭腦，在技術上已無太大問題。這是本書所提倡的生命媒體之新技術的初步概念。

我們過去一直認爲：機械與人類或自然是對立的。我們所倡導的新概念是積極融合機械與人類或自然的新思潮。現在已能以具體的東西獻給各位，實在感到很高興。把主司頭腦的生體機能部分直接與機械連動，是生命媒體的基本構想。

人類在過去長久的歷史中，曾經驗了幾次社會觀念的大變革。日本近代的明治維新或第二次世界大戰的失敗，都將過去的價值觀從根拔起，創造了新的價值觀。

在電腦的世界，預期在今後五年之內將進入瞬間即可與全世界各地通信的INTERNET的時代。這種瞬間網路實現之後，社會的架構將被迫大轉變。也就是說：我們又面臨了大變革的時代。

在高度資訊化的社會，人們爲辨別並取捨資訊，必然會形成很大的壓力。反過來說，被壓力壓得喘不過氣的頭腦，實在無法處理那麼龐大的資訊。在這樣的時代，連結機械與人類，調合機械與頭腦的生命媒體，就成爲不可或缺的了。

生命媒體一方面融合其他最尖端的高科技，一方面可以把機械與人類或自然，導向正確的共存方向。新時代的大變革，可能會在生命媒體的普及下形成。

◆依成功哲學去做，還是會遭遇失敗

生命媒體最大的特徵是：本人不必特別去意識，腦就會自然的活化。腦一活化，身心就會成爲舒爽、輕鬆的狀態，不但可以從緊張或壓力中解放出來，睡著的潛在能力也會被喚醒。

日本的學校教育仍然以儒教的教育方式爲基礎，受「學習必須辛苦努力」的傳統觀念的縛束。第二次世界大戰結束已五十多年，二十一世紀已在眼前，卻仍然無法擺脫這種古老的思想模式。

保持耐力與集中力，投下全精神於自己決定要做的事，可能有其教育上的意義。但學習只是要具備某種能力而已。學習的「學」字有仿效之意，「習」字則是小鳥自己振翅練習飛翔之意。「學習」的意思應該是返復模仿，並無一定要辛苦努力的意思。

不得不從事單純返復的作業時，如能輕鬆的在短時間內做好，那不是更好嗎？

有一時期，成功政治家的思想、成功企業家的成功例之書刊風行。成功哲學造成了很大的風潮。有很多人都以成功哲學爲範本，規劃自己的人生，並依成功哲學積極勵行，希望獲得成功。但遭遇失敗的人仍然不少。

不斷強調：「我絕對要成功！」或把它寫在紙上，貼在每天都可能看到的地方，提醒自己要成功的人，可能會在心理形成更大的壓力，構成更多的緊張。

沒有成功經驗的人，或被一般人認爲愚蠢的人，拼命實行成功哲學亦沒有用，反而會形成強大的壓力。無視於這種狀態，堅持拼命去實行，就如同用頭顱去撞石頭一樣危險。

積極思考(positive thinking)並不是隨便靜靜的思考就可以做到的。必須能先放鬆身心，使身心充滿幹勁，才能形成對任何事都能正面去感知的精神狀態。在幹勁低潮時，拼死拼活努力使腦構成條件亦是沒有用的。累積不能獲致結果的苦勞，只有增加緊張與壓力而已。

若能活用生命媒體，在心理輕鬆愉快狀態下，不知不覺中就可以激發出能力，絕不必無益的辛苦或苦勞。未來的時代，人們的生活方式可能將以此種方法爲主流！

◆生命媒體可以造成弛緩集中的狀態

學校教育或實行成功哲學的理論，是一種緊張集中的狀態。

俗語說：「火災場有蠻力」。生命遇到危險或緊急時，平時發揮不出來的能力，輕易的就可發揮出來。設定目標、期限，爲了目標的實現，拼命努力。這是一種極爲消耗能力的頭腦活動。是緊張集中型態的活動。緊張集中型態的活動、練習或工作時至爲辛苦，失敗時心靈會受到很大的傷害。

長官或長輩要你「把生死置之度外去幹吧！」你是否眞的能把「生死置之度外」

呢？實在很困難。若你眞能把生死置之度外，拼命去幹，而又失敗時，你可能會覺得：活著又有甚麼價值呢？

集中的模式除了緊張集中型之外，還有弛緩集中型。例如小孩子玩著心愛的玩具時，身心至爲輕鬆、愉快的集中於某種狀態。在這種狀態，易湧出創造性的靈感，亦易發揮優異的回想能力。因此，可以說是能量儲積型的頭腦活動。

老早就已證實弛緩集中的狀態可發揮優異的能力。但要造成弛緩集中的狀態並不容易。心裡想造成弛緩集中的狀態，並拼命去努力，不但不能形成弛緩集中的狀態，反而會形成緊張的狀態。好不容易才放鬆身心，卻很快就睡著的亦不少。

雖然有很多精神訓練方法可以促使放鬆身心，但不累積相當程度的練習，要造成弛緩集中的狀態還是不容易。但使用生命媒體，很快即可自由的造成弛緩集中的狀態喔！以生命媒體，將生命波送進頭腦，很快就會形成身心放鬆的狀態，即可集中於連動的收音機、錄音帶或CD等媒體的資訊。以這種狀態來學習語言，比填鴨式的讀書，可提高好幾倍的效率喔！

在沒有特定目的的場合，如能時常把生命波送進頭腦，放鬆身心，以往浪費掉的時間，會因頭腦活化而變成有意義的時間。例如一方面看電視或聽廣播，可以獲得新的資訊，一方面因爲頭腦活化，可能湧出創造性的靈感。本來只集中於新資訊的獲得，因頭腦活化，同一時間可獲致雙重的收穫。

生命媒體造成的弛緩集中狀態，可以使人生更多彩多姿！

◆22KHZ以上的生命波會對身體細胞作用

音波並不是只有聽覺可以感受的波動。

光波以玻璃的三稜鏡來看，可看到如彩虹的紅、橙、黃、綠、青、藍、紫等七種顏色。在彩虹的七種顏色之外側與內側，還有人的視覺看不見的紫外線與紅外線光波。光波與音波都是一種波動。人的視覺可以看到的光波，只限於一定頻率範圍內的波動而已。一定頻率以上或以下的波動並不能看見，但對人體細胞仍然會有影響。紫外線光波會破壞人體細胞。人體細胞受到紅外線的照射，就會感到溫暖。

音波亦和光波一樣。人的聽覺只能聽到一定頻率範圍內的音波而已，超過此一定頻率範圍的音波，以人的聽覺絕對聽不到。蝙蝠在黑暗的洞窟中飛翔，不會撞到石壁，是因爲蝙蝠的生體具有超音波感知器的緣故。超音波是人的聽覺聽不到的音波。蝙蝠快速飛翔時，以生體的超音波感知器感知碰到石壁折射回來的超音波，判斷其位相的變化，調整飛翔的方向，所以在黑暗中飛翔亦不會撞上石壁。

人的聽覺可以聽到的音波之頻率範圍為二十赫茲至二〇〇〇〇赫茲之間，超過二〇〇〇〇赫茲的高頻率之音波，聽覺是聽不到的。然而，小鳥的鳴叫聲或小蟲的叫聲等自然界的聲音卻有很多是超過二〇〇〇〇赫茲的音波。是聽覺無法聽到的音波。聽覺無法聽到的音波，是否會對人體產生影響呢？

一九九五年（平成七年）七月十五日的日本經濟新聞有一則很有趣的報導。據該報導指出：據日本政府文部省的教育機關之研究，證實了人的聽覺無法聽到的音波，具有促進頭腦活化的作用。進行此項研究的是廣播教育開發中心的仁科江美副教授等。其研究結果在第四屆神經科學世界大會上發表。

仁科副教授等以含有二二〇〇〇赫茲以上之音波的巴里島之民族音樂「伽母藍」，讓十五—三十五歲的男女十二人聆聽全音域的音響與去除高頻率音波的音響，調查其腦的變化。發現聆聽含有二二〇〇〇赫茲以上的音響時，腦幹與左視座之一部分的血液之流動較快，腦的作用有大幅活化的現象。

據廣播教育開發中心的大橋力教授表示：人除了五感之外，可能還有其他絕對無法知道的感覺。腦幹與視座（腦的一部分）是生存重要的部分。我們可能應思考可能促進腦幹與視座活化的音之媒介。

美國佛羅里達州基哥拉，每年夏季都會舉辦患自閉症等障礙的孩子與海豚一起游泳的自強活動。這是一九七八年開始，由海洋哺乳類動物調查教育中心企劃，稱爲：Dolphin human therapy 的節目。

患自閉症的孩子與海豚一起游泳，心胸就會打開，恢復明朗爽快的表情。海豚怎麼能震開自閉症的孩子的心胸，尚未能以科學的方法說明。但我想：可能是海豚鳴叫的聲音含有高頻率的音響作用的結果。

能使身心放鬆，形成舒爽感的生命波，已往都以九○—一一○赫茲的重低音爲主流。最近由於各種研究順利進展，發現聽覺無法聽見的高頻率音響更具效果。所以有很多學者開始重視二○○○○赫茲以上的聲音之波動。

◆生命音響可治癒身心的疾病

能使頭腦的活動活化，放鬆身心的生命波之音波作用，在此特別把它稱爲生命音響(Bio sound)。

人類自遠古就已用音樂來放鬆身心的壓力或精神上的緊張。雖然沒有記載可以查考，或許自古就已知道音響具有放鬆身心的作用吧。五千年前，印度的傳統醫學已有用音樂療法來醫治各種疾病。聖經中亦記述著：拓比拉王用琴聲爲其父王治病的故事。一

讓患自閉症的孩子與海豚一起游泳，可使孩子變得明朗、愉快。

九九五年公開上映的電影「卡斯特拉」，使很多人知道了音響可以治療疾病的事實。據歷史的記述，中世紀時，歐洲的王國之國王爲治療身心的疾病，都在宮中置有專屬的樂團與歌手。

由此看來，可知自然界的各種波動中，音的波動對人的頭腦或身體的影響特別大。據研究音樂治療效果之秘密，創作不少治療音樂，實際以音樂爲人治病的音樂治療師(music therapost)宮下富實夫以其獨自的感性，談生命音響的治療效果說：

「音樂原來是用來奉獻神的祈禱詞。任何民族自古即有著這種傳統。以日本來說，音樂就是『神道』或『祝詞』。聚集在神壇前的每一個人，在向神祈禱時的祝詞之音樂與自己的心靈成爲一體，就會形成安祥、大和諧的現象。」

「疾病是生活規律崩潰的現象。生活規律崩潰，即無法接受大宇宙的自然波動，腦的接受系統成爲混亂的狀態，才形成各種疾病。若能使腦的接受系統之作用恢復正常，並充分接受自然的各種波動，疾病就會痊癒。」

實際上，宮下富實夫以音樂療法治癒了很多疾患。如患關節痛的患者，以音樂治療，三天即完全痊癒；因酒精中毒，在醫院治療無效，經以音樂治療，三天即痊癒。其他在治療糖尿病、哮喘病、不眠症等各種疾病或改善體質方面，都有驚人的效果。

也有抱病去聆聽生活演奏(live concert)，終使長年的疾病痊癒者。例如患長年蓄膿症的患者，聆聽十幾次生活演奏，長年一直未能痊癒的蓄膿症完全痊癒了。患綠內障的患者聽了幾次生活演奏會，病情有了顯著的改善等都可以證明音響確具有治癒疾病的效果。

據宮下富實夫先生表示：「在演奏會以電子音響合成樂器演奏生活音樂時，靈魂好像脫離肉體，深入音響的世界，遠眺音響世界的美麗景觀。我想：聽眾如能陶醉於音樂，很可能會有和我一樣的感受，覺得自己的靈魂會自肉體脫出，深入音樂的世界，享受美好的時光。……」

「在這樣的狀態下，靈魂會超越意識的層次與無意識的意識，遨遊於音樂的世界。靈魂脫離肉體，享受優美的光景，就會忘卻身體的持病，執著於疾病的意念會因而消失殆盡。所以疾病會痊癒吧！」

宮下富實夫先生參加在美國舉行的音樂活動時，認識了一位對東洋醫學相當有心得的音樂家，聽了不少有關音樂可以治病的話，於是開始研究音樂療法。

西洋醫學治療疾病是看症狀而給患者服用藥物，不得已時就把患部切除。是採用直接治療的方法。而東洋醫學認為：「氣血」滯塞才是疾病的基本原因。如能打開經絡的穴道，讓「氣血」流動順暢，疾病即可痊癒。

以電子音響合成樂器演奏的宮下富實夫先生。

「耳朵上有著全身十二經絡的穴道。聲音傳到耳朵，只有其中的十分之一是由鼓膜聽取的，其餘十分之九的聲音都會進入集中在耳朵上的穴道。以聲音刺激穴道，人體細胞本來就具有的自然治癒力即可恢復，所以疾病自然會痊癒……」

宮下富實夫先生對音樂療法的理論與效用做如上的說明。音樂的和諧可以治療靈魂的疾病，聲音刺激穴道可以治療身體的疾病。兩者會產生相乘的效果，治療各種疑難雜症。

宮下富實夫先生的話是無法以科學的方法來證明的，屬於神祕的領域。但我們認爲：生命媒體必將延伸至此一神祕的領域，解開神秘的面紗。

生命音響不僅對人體有效，對所有生體亦有一定的效用。

宮下先生的錄音工作室設在海拔一二五〇公尺高的長野縣飯綱高原。據宮下先生表示，高地充滿神聖的能量，在高地錄製的音樂含有神聖的能量。在其工作室附近的農家，以溫室栽培的蔬菜都會聽宮下先生錄製的生命音響。據農民們說：我們不必灑農藥，偶而會消毒，但消毒的次數不多。因爲很少受到害蟲的侵襲，葉子很茂盛，而且新芽都向發出音響的揚聲器的方向蔓延、伸張。

在超級市場購買到的小黃瓜之糖分都在三・七度左右，但在宮下先生所作的生命音響聲中栽培的小黃瓜，距揚聲器最遠處所結成的小黃瓜之糖分，至少也有四・七度，距揚聲器最近的小黃瓜之糖分可達七·〇度的高標準，眞是不可思議。

一般成熟的蕃茄，若不放在冰箱冷藏，最多只能保存一個星期，但聽宮下先生所作的生命音響栽培結成的蕃茄，在常溫保存三個星期仍然不會腐爛，而且蕊蒂也不會脫落。

宮下先生夫人的親戚在美國的牧場，飼養的牛也都播放宮下先生所作的生命音響給牠聽。據說聽了生命音響後，牛乳的產量增加了三倍。肉牛的肉則更細嫩好吃。

岐阜縣各務原市的一家叫小町釀酒工廠，培養麴菌時在工廠播放宮下先生創作的生命音樂給麴菌聽，所釀造的「長良川·受福無疆」酒，連續三年獲全國新酒鑑評會評爲金牌獎。

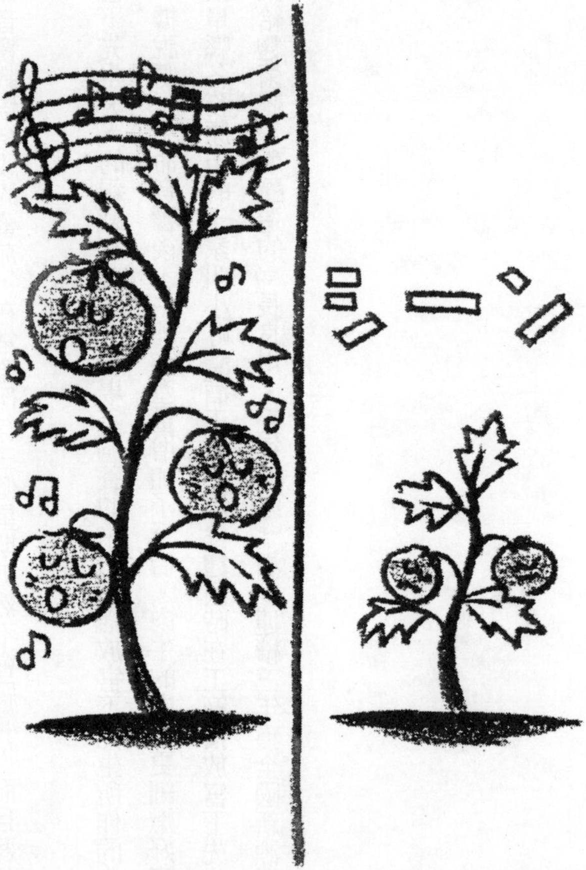

在生命音響下栽培的蕃茄，比一般蕃茄大且甜。

第二章 以生命波活化頭腦

（生命媒體研究會）

生命媒體已到了實用的階段。
現階段，
對可以活化人體的生命音響之研究
進步神速。
且已開發出可以透過特殊設計的裝置，
將生命波送進頭腦的技術。
然而，從各種角度研究生命媒體，
發現自古流傳至今的「氣」之概念
特別重要。
本章將以「氣」為主軸，
以更大的篇幅，
探討生命媒體的可能性。

◆「氣」的正體是音波？

據主持國際氣能法研究所的秋山眞人說：「氣功師發氣時，是從其身體發出某種聲音。據測定蘇俄的氣功師發氣時的狀態，發現了這個事實。其發出的聲音之波動頻率爲四四○赫茲的有感音波（人的聽覺可以聽得見的聲音），以非常短的脈衝向體外發出，故傳送距離相當遠。」

秋山眞人又說：「波動頻率四四○赫茲的音波，便是現在很多人都認爲是『生命音響』的音波。管弦樂團(orchestra)合音時的國際標準音亦是四四○赫茲的聲音（C調『啦』音的程度）。嬰兒出生，頭一聲哭聲亦是四四○赫茲。現在ＮＨＫ報告新聞亦以四四○赫茲的音波播出。

蘇俄有很多被稱爲「生命能力者」的氣功師。阿曼・津馬克是其中之一。阿曼・津馬克透過電視進行遠距離治療病人。據說很多病患透過電視畫面，接受其發出的氣，即可治癒疾病。有人認爲這是心理作用。但擺在電視機上面的瓶花亦會更有生氣。眞是不可思議！

在蘇俄首都莫斯科郊外，有一所把水銀塗於玻璃，製造鏡子的工廠。工廠附近的地下水因水銀濃度不斷提高而形成公害問題。阿曼・津馬克透過電視畫面，把「氣」送過

不可思議的是：嬰兒出生時的第一聲哭聲、交響樂團和音基準音、NHK 報告新聞時的聲音都是 440HZ 的聲音。

去，使工廠附近的地下水之水銀濃度大幅下降。據說，其效果在錄影機上亦能顯現出來，只是再錄四次之後，其效果會逐漸降低。

秋山先生認爲：氣功師發出的「氣」，一再重新錄製拷貝，音波就會歪曲，音質就會降低，其效果當然會降低。

我們曾將阿曼・津馬克發「氣」遠距離治療病患的錄影帶，送請東京電氣大學的專家分析其內涵，確認了氣功師發「氣」時，眞的從身體發出某種脈衝音波。可能就是四四〇赫茲的生命音波吧！

據蘇俄國家科學研究院的研究指出：「氣」的正體絕不是未知的能量。氣功師發出的「氣」，實際上帶有微弱的電磁波、遠紅外線、紫外線及音波。這些微弱的能量載著特定頻率的資訊，傳到人的頭腦，就會在腦中無意識的交換。

據秋山先生說：「人的頭腦有百分之九十四未使用，實際上使用的只有整體的百分之六而已。未使用的百分之九十四，絕不是沒有道理的存在。據長久的研究，這未使用的大部分好像是多重傳訊的頻道(Multimedia)。雖然尚未能以科學的方法來說明，但我認爲：人的頭腦可能有著多重傳訊媒體，所以會在一瞬之間，與地球另一邊的人發生精神感應(telepathy)。」

廣義的解釋，「氣」與精神感應都可視爲生命波，或是特定頻率的生命音響，載著資訊傳輸。如能以科學的方法，進一步解析其內容，生命媒體將進入更高層次的領域。詳細的容後另為說明。

◆以軍事目的進行研究的波動理論

據主持國際氣能法研究所的秋山眞人先生透露：「氣」與精神感應的研究，原來是蘇俄或美國以軍事目的進行研究的。在蘇俄自一九三〇年代，由於國家保安委員會(Komitet Gosudarstvennoi Bezopasnosti，簡稱 KGB)的創設者之女兒瑪爾加莉達·路烈契，對腦與電磁波等波動之關係感到莫大的興趣。因此，慫恿其父親，建議由國家撥款，進行國家層次的研究。到一九六〇年代，蘇俄國內研究與此有關的機構已多達二十六所。秋山先生以前赴俄時，曾看到此項研究經費的預算報告，據說其預算約等於研究宇宙開發的預算，相當龐大。

其中有一研究機構在一九五〇年代至一九六〇年代之間，曾進行潛艇與基地通信改善之研究。潛艇沉入大海中活動速度緩慢，所以必須特別防患被敵人發現它的存在。若以普通的電波與基地通信，很容易被敵人探知其活動的位置，實在沒有意義。因此，乃想以精神的感應來通信。

在試驗精神感應的階段，把母兔留在基地，而把幾隻小兔子帶上潛艇。潛艇出航，於沉入大海之中的期間，每隔一段時間，就殺死一隻小兔子，看看留在基地的母兔子有甚麼反應。發現小兔子每被殺死一隻時，母兔神經系統的微弱電流都會忽然提高。亦就是其精神反應至爲明顯。

由於此一實驗的結果，觸發了正在進行電氣通信性能的小組，開始以極超短波（ＥＬＦ）通信的方法之研究、實驗。在基地以極超短波發出信號給大海中的潛艇，卻使潛艇上的人員之頭腦都麻痺起來，形成假死的狀態。

由於此項發現，研究的目的即從通信的目的，轉變爲戰術的目的。他們認爲：以極超短波攻擊敵人的潛艇，可以使潛艇上的人員成爲假死的狀態，就會失去戰鬥的能力，可以不費一兵一卒，即可虜獲完整的敵人之潛艇。研究的結果發現不一定要用極超短波亦可獲得同樣的效果。因爲是技術機密，詳細內容並未公開，但據推測可能使用特定的頻率或波形吧！

另外，一九六〇年代末期至一九七〇年代初期發生一件奇妙的事件。在莫斯科的美國大使館工作的人員，相繼感到身體不適。經醫師診斷爲體內具提高血壓或血糖質的荷爾蒙——Adrenalin 提高很多，而陷於極端緊張的狀態。但爲何會產生這種現象，則一無所知。調查大使館週圍的情況，發現大使館前面的一幢大樓中，裝設有很多會發射非常微弱的電磁波之裝置。這便是大眾媒體所稱的：莫斯科信號事件（Moscow signal）。

當時美國方面根本沒有任何這一方面的知識，美國國防總署隨即組成調查小組，進行研究。結果終於瞭解了下列事實。

人的頭腦無時無刻都會發出十的負14次方之微弱電磁波。當頭腦接到與頭腦原本發出的微弱電磁波相似的電磁波之波動時，頭腦會認爲這是自己發出的電磁波而接受，而破壞心身的平衡狀態。

美國在公開發表聲明時，並未把事件與發射電磁波裝置連在一起。但自此之後，美國爲了研究頭腦與電磁波的關係，投入了龐大的預算。

「這可以說是研究生命媒體的基石。技術不但可以善用，有時亦可以惡用。好東西開始時可能只被一小部分的人使用而已，但其效用擴大之後，就會被大部分人使用。生命媒體爲社會大眾所愛用的時代已來臨！」

秋山先生這樣說。

◆生命波與萬物的形成

生命媒體可以將對人體有良好影響的生命波傳送給頭腦的神經細胞，誘導心身成爲輕鬆的狀態。並可使從各種媒體傳到頭腦的資訊集中處理。現階段，正在進行生命音響對人體細胞的影響，以及如何將具一定音響特徵的聲音加工成爲生命音響的研究。

此項研究雖然尚未臻完善，但大部分現象已解明。且已知此一理論不只適用於音波，應可廣泛適用於電波、光波或一切振動波。不久的將來，當可以將一切波動生命波化。到那時，人類就有福了。

研究物質的特性，發現生命媒體具有無法想像的廣闊可能性。存在於世上的所有物質都具有同樣的性質，因爲萬物都是由波動而形成的。

在學校上物理或化學課時，相信授課的老師一定講解過：物質細分即成爲分子或原子等極爲微細的狀態。而原子是由「原子核」與圍繞在其周圍飛來飛去的「電子」構成的。「原子核」更可分爲：「陽子」與「中性子」。

近代物理學以牛頓發現的「萬有引力」法則爲開端，一直未能擺脫其窠臼。至二十世紀初葉，「量子力學」出現之後，發現了比原子更微細的世界，有著與「萬有引力」法則完全不同的法則在作用。

圍繞原子飛來飛去的電子之運動，與我們印象中的打網球時球在一定的軌道上，改變其速度飛過來、飛過去的情況完全不一樣。例如在牆壁上不同位置開兩個洞，讓電子

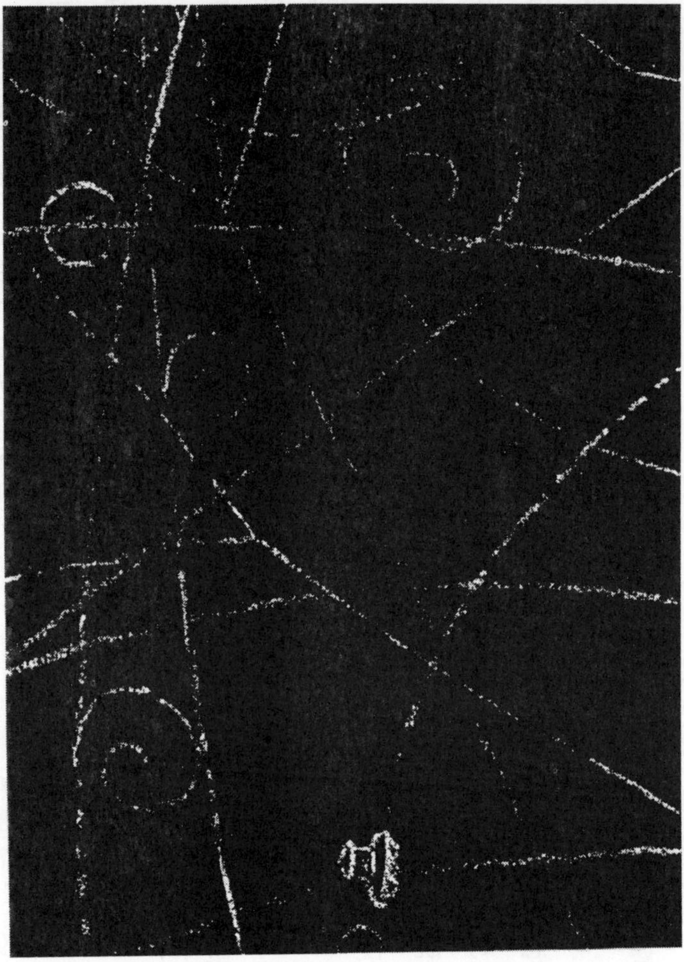

構成極微小的世界之素粒子好像沒有規則，但實際上與宇宙卻有著對應的法則。

在附近飛舞。可以計測出一個電子可同時穿過牆壁上的兩個洞。這樣說，或許各位仍然不會產生具體的印象。在非常微細的世界，一般人所有的「位置」或「速度」等概念，已完全不能適用。除非是這一方面的專家，否則並不容易理解。這亦是沒有辦法的事。

電子不但可以同時穿過牆壁上的兩個洞，若牆壁上有十個或一百個洞，亦可以同時穿過去。電子除具有物質的特質，同時亦具有在原子周圍擴散振動的波動之特質。有如電視廣播，把電波發射出去，很多家庭都可以同時接收到其電波，欣賞同樣的節目同樣的原理。

物質的最小單位之電子等素粒子具有波動的性質。則電子之集合體的所有物質或現象，一定具有波動的性質。反過來想，所有物質與現象是怎樣衍生的呢？傳說宇宙是一五〇億年之前，大自然發生了一次大爆發，引起能量（波動）大變動才形成的。此次大爆發產生的很多素粒子被固有的波動吸引，集結成大塊狀，成爲星球。這樣想的時候，就可產生：萬物都是因波動而形成的印象。

存在於自然界的所有波動之中，約有一半是可以對人體發生良好作用的波動。這種波動便是生命波。另一半是不可能對人體產生良好作用的波動。如何有效的利用自然界的波動是未來的課題。現階段可以說的只是：常以生命媒體接收生命波，即可成爲易於接受對身體有良好影響的自然界之波動的狀態，或感性會變得敏銳，瞬間即可分辨出生命波或非生命波。

◆1／f動搖的世界

大自然爲何會大爆發，因無任何歷史的記述，科學的研究亦尚未能確切說明，故無法知道確切的眞象。但可以想像，絕對不可能忽然間引起大爆發。在大爆發之前，一定有多次的小「動搖」。

原因單純，但卻形成無法預測的複雜現象。這種狀況在物理學上稱爲「混沌」(Khaos，希臘語)的狀態。大爆發之前，很多的小「動搖」引起「混沌」的狀態，然後才引發大爆發。大爆發之後才形成了宇宙。甚麼是「宇宙」呢？亦就是「宇宙」的定義是甚麼呢？據國語辭典的解釋：四方上下叫宇，往古來今叫宙，宇宙即指所有的「空間」與「時間」。確切的定義是包羅萬象的現象。這樣說，也許有人會問：那麼宇宙之外側是甚麼呢？如果我們想像的宇宙有外側，我想還是把它視爲宇宙的一部分吧。因爲我們所謂的宇宙是包羅萬象的，而宇宙間的萬物，是宇宙間微小的「動搖」所形成的。

宇宙間的小「動搖」，以目前的科學方法尚未能解明是怎麼發生的，推測可能是原來就存在於宇宙的特質。

所謂：「動搖」是依一定模式而發生的微妙變化。例如有著丈夫、孩子，每天反覆過著同樣生活的婦人，偶然遇到年青時的情人，感情上產生變化亦是動搖的一種。這種動搖若只止於思念的階段，大概不會有太大的問題。但這種微小的動搖若不斷擴大，就會形成家庭的「混沌」狀態，結果就無法想像了。

人對單調的規律會有覺得痛苦的傾向。例如五十多年前，家庭都使用機械式的時鐘，很多人聽到一定規律的振動子搖擺的滴答聲，就會睡不著覺。但給時鐘發出的滴答聲微妙的變化，聽起來就會使心情安定下來。由此可知動搖有可使心情舒爽的作用。

調查星星的閃爍、小溪潺潺的流水聲、暖和的微風等自然界可以使人感到舒爽的動搖，好像都有著一定的規律。這種規律可以用叫做 Fourier 的數學方法來表現。經計算的結果，發現與一秒鐘變動次數ｆ(fractureation)之逆數成比例的變動最能使人感到輕鬆、舒爽。這種動搖稱為「１／ｆ動搖」。

自然界的生命波都含有１／ｆ動搖的成分。所以到山中聽樹葉臨風的聲音或小鳥的叫聲，到山澗聽小溪潺潺的流水聲，或在寧靜的夜晚仰望滿天星辰的閃爍，或在海邊聽在微風中的浪潮聲，都會心胸開闊、愉快、舒爽。

可以稱得上「名曲」的音樂之旋律（ＦＭ變調）與音響的強弱（ＡＭ變調）都顯示

人有辨別１／ｆ動搖的固有能力。

有豐富的1／f動搖之特性。所以靜靜地聆聽「名曲」，易使心情趨於安定，感到愉快、舒爽。

在日本首先倡導「動搖理論」的理學博士佐治晴夫，開發了吹出的風含有豐富1／f動搖成分的電風扇，很快就成為市場的焦點，是有其道理的。

然而，自然界亦有如颱風夜的暴風聲、巨浪的聲音、激流的聲音等，聽到之後會使人感到不安或產生恐怖感的音響。這種音響的動搖極端的背離了1／f動搖，其變化完全與f值無關。動搖與f值無關的音響，叫做「白色騷音」(white noise)。聽到含有「白色騷音」成分的音響，腦神經受其刺激，就會產生不安感或恐怖感。

生物在長久的進化中，已具備了感知安全、舒爽的動搖與危險、不安的動搖之機能。據實驗，發現給身體細胞含有1／f動搖的生命波，身體細胞的活動力會變得很強。相反的給予「白色騷音」的振動，身體細胞就會停止活動。所以在暴風雨時，在身體細胞的層次即已知道：最好不要出門。

◆人的「思考」會共鳴嗎？

所有的物質或現象都由含有動搖的波動構成。我們都知道，共鳴現象是波動的特性之一。我想各位在中學上物理課時一定做過音叉的共鳴現象之實驗吧！

實驗時先準備二隻振動頻率相同的音叉，以硬的東西敲打其中的一隻音叉，使其發出振動聲，然後把另一隻音叉靠近發出振動聲的音叉，沒有被敲打的音叉就會開始振動發出振動聲，形成共鳴的現象。

共鳴現象在不同頻率的音叉也會出現。例如敲打振動頻率四四〇赫茲的音叉，比四四〇赫茲高一音階的八八〇赫茲之音叉或比四四〇赫茲低一音階的二二〇赫茲之音叉亦會產生振動聲。因爲音響均含有「倍音成分」（原音頻率的整數倍之頻率）。例如原來的聲音之波動頻率爲一〇〇赫茲時一定含有二〇〇赫茲、三〇〇赫茲、四〇〇赫茲之聲音。

吉他的倍音音調（harmonic tone），即把手指按在弦的中央，就會出現高一音階的聲音，就是利用此一原理的。

波動與共鳴的原理，可應用於人們生活的各個領域。在第一章所介紹的收音機或電視機便是應用波動與共鳴原理的代表。

廣播電台或電視播送不同頻率的電波。家庭使用的受信機之收音機或電視機都設有可變的共鳴回路（同步回路），其頻率與廣播電台或電視台播出的電波之頻率一致時，就會形成共鳴現象，即可聽到廣播電台播放的音樂聲或收到電視台播出的映像與聲音。

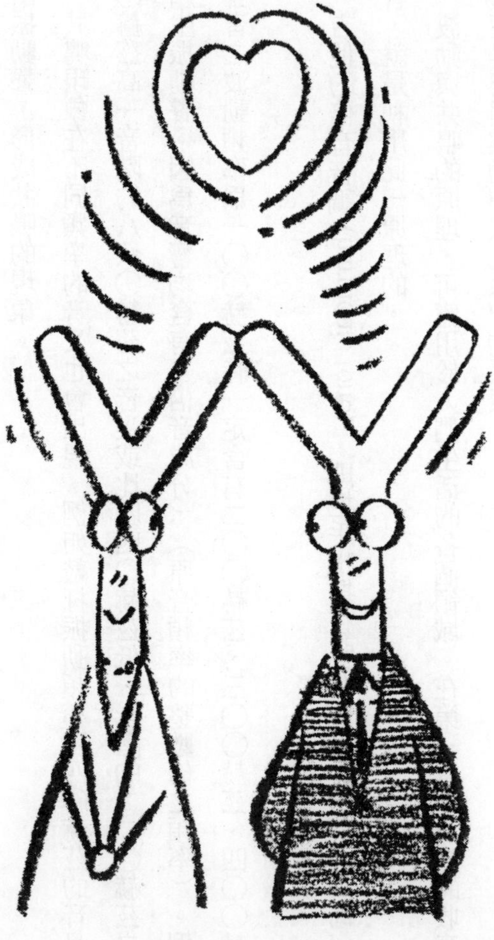

音叉會產生共鳴現象

最近已有人開發出以水來將波動資訊轉錄（像轉錄錄影帶或錄音帶的映像或音樂一樣）的「波動轉錄器」（wave converter）的裝置。這種裝置是以倡導「尿療法」（飲用人尿可以治療疾病）的MCL研究所之中尾良一醫師所蒐集的資料爲基礎研究開發的。

這種裝置可以在一般的水之中，轉錄人尿中的資訊，使變成資訊水（波動水）。飲用波動水即可獲得「飲用人尿」一樣的治療效果，不必實際飲用人尿。

水是所有物質之中最易傳達波動資訊的物質。故以水轉錄波動資訊較容易，但要以其他物質來轉錄波動的資訊，至目前爲止尚有殊多困難。但推測此一原理不久的將來可能被應用於各種物質，科技的進步眞是驚人啊！

前面說過，所有物質或現象都是由波動所構成。那麼人的「思考」也可視爲一種波動，應該也可以轉錄或形成共鳴現象。

也許各位都有經驗，親兄弟或投緣的朋友之間，不必彼此將自己心裡所想的事說出來，對方即已知道你心裡在想甚麼了。「思考」會藉著波動產生共鳴，傳達心情。古諺說：「物以類聚」。同樣嗜好，想法相似的人，彼此本來並不相識，偶然相遇，很快就能瞭解對方。實際對話之後，會覺得：畢竟是和想像的一樣。

這種事經常會發生，只是大家都不太注意吧了。因爲具有同樣嗜好或同樣思考的人之波動，易產生共鳴，而導致的結果。

若人的「思考」亦是一種波動，則「思考」應該可以分爲：生命波的波動與非生命波的波動兩種。歡喜、高興、快樂、感恩、無憂無慮等積極的「思考」是生命波的波動；憤怒、憎恨、悲傷、嫉妒等負面的「思考」是可能使生體活力衰退的非生命波的波動。

◆人的頭腦裝著整個宇宙

著名的瑞士心理學者鄆哥(carl Gustav Jung, 1875~1961) 曾提示了：「人的心有日常自己可以意識的部分（意識層）與一般狀態下自己不能意識的部分（無意識層）」的思考方向，並且認爲：在無意識層更深層處，有著與所有人類有關的「集合無意識」的部分。也就是說，心的世界不僅屬於個人所有，是人類共同所有的世界。

鄆哥亦說明：偶然想起的事，必定有其意義。偶然的一致就是「集合無意識」的作用。鄆哥的想法與前面所述，近代「量子力學」之主幹的素粒子物理學發展而成的「新自然科學」之想法至爲接近。

新自然科學認爲：宇宙可分爲：人們可以知覺的「明在系」與人們無法知覺的「暗在系」。「明在系」是人們可以知覺的方的、圓的、扁的、正的……或紅的、黃的、綠的、黑的、白的……，是視覺看得見的（三次元），而「暗在系」則是無法以視覺感知的（四次元以上），包括宇宙中所有的微細物質、時間、精神……。

「明在系」與「暗在系」的多重構造，頭腦都可能記憶。一般把這種狀態叫做「映像記錄再生宇宙模式」（holography universal model）。「映像記錄再生法」（holography）是利用雷射光形成立體映像的技術。最近已實用於遊樂設施。

「映像記錄再生法」使用的膠片（film）有著很有趣的特性。把映像記錄在膠片之後，把膠片切成兩半，兩半膠片都可再生原來記錄的立體映像，只是小了一半而已。把膠片切成十分之一或百分之一，每一小片膠片仍然可以再生原來的映像，只是映像會變得更小而已。亦就是無論在怎樣小的部分，都收錄了整體。

鄲歌的深層心理學與新自然科學的宇宙模式之類似性，絕非偶然成爲一致。看來兩者都受東洋思想，尤其是中國古代的「易」之影響相當大。中國古代的「易」成爲電腦技術發達的二進法之原則，或解釋遺傳基因的ＤＮＡ爲同樣構造的理論依據，已在前一章說明，在此不再復述。

最近，曾任美國史丹福大學神經生理研究所所長的卡爾・浦利克拉慕也認爲：人的腦好像有映像記錄再生的作用。以往一般都認爲：腦的機能因部位不同而有其不同的主司機能與作用。例如腦的前頭葉（自頭腦的側面至前面凸出的部份）是主司意識作用的

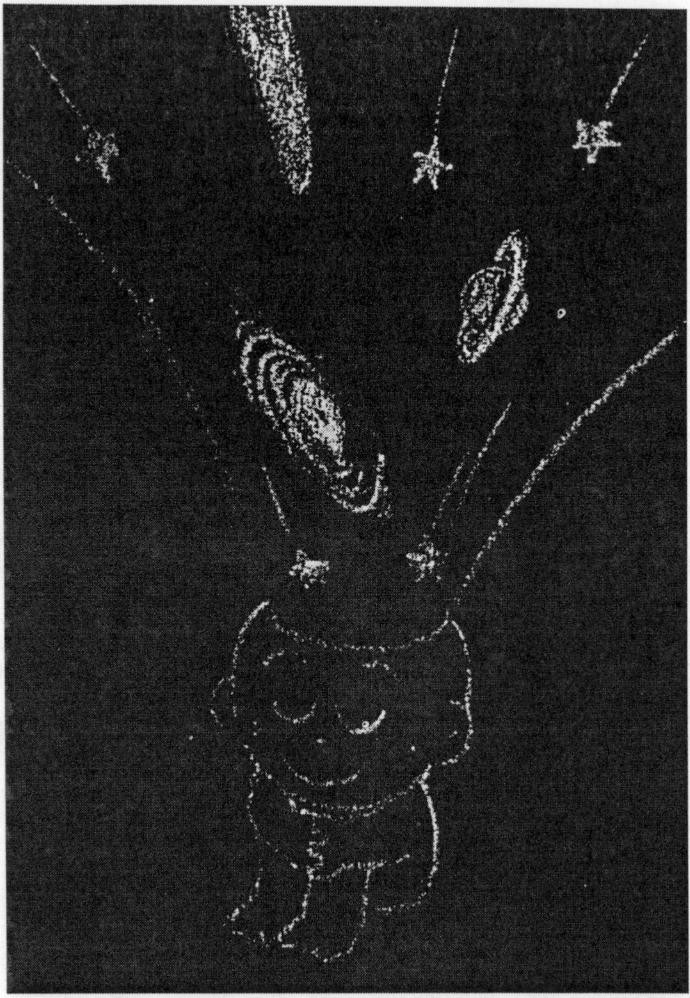

人的頭腦裝著整個宇宙吧。

部份，當一個人想著甚麼或感覺甚麼，或判斷甚麼都是前頭葉的作用；聽到甚麼或看到甚麼，前頭葉並不會作用，因爲聽到的或看到的並不是前頭葉主司的任務。

而卡爾・浦利克拉慕則認爲：景像或訊息在腦整體作用下才能記錄成爲記憶。腦的各部位都會依其機能作用而已。

將這樣的見解與前面所提到的，主持國際氣能法研究所的秋山眞人所說的，蘇俄科學研究院的見解合起來思考，應可認爲：人的頭腦可能裝著整個宇宙。不可思議的是鄆哥的學說、新自然科學的見解與卡爾・浦利克拉慕的見解都很接近，使我們不得不相信這種說法。

而所謂：「氣」這種無法辨識的宇宙能量則超越了次元，在宇宙間奔馳、飛舞。由此觀之，生命媒體的可能性、有效性應該可以無限的擴大。願你我共同來嘗試、證實。

◆生命波能治癒癌症

細胞免疫學的權威，美國德魯醫科大學的曼納・柯南博士正對「人的精神狀態會影響神經系，亦會對免疫系產生某種作用」進行理論研究。

據柯南博士最新的實驗，對被實驗者送入「氣」（生命波），證實了被實驗者身體內的自然殺人細胞（Natural Killer，簡稱NK細胞）的免疫細胞就完全活化起來。

NK細胞是每一個人身體內都有的細胞，有破壞被細菌或病原菌感染的身體細胞，使被感染的細胞不致於危及其他未受感染的細胞之正常機能，進而維護健康的細胞，對癌細胞亦可發揮強大的破壞力。NK細胞的活力旺盛時，癌細胞都會遭受破壞，而使癌症痊癒。

柯南博士實驗的第一階段是：採取長期接受「氣」之訓練的人十四人及完全未體驗「氣」的人十四人之血液，觀察NK細胞破壞癌細胞的狀況。發現長期接受「氣」之訓練者的NK細胞破壞癌細胞的破壞率爲完全未體驗「氣」者的二－三倍。

實驗的第二階段是：採取每天從氣功師接受「氣」三十分鐘的免疫活性度低的被實驗者之血液，調查其NK細胞對癌細胞的破壞力。發現第一星期至第二星期並無特別的變化。但第三星期，破壞力只有三十％的人，破壞力提高至五十％，破壞力五十％的人，提高至七十％以上。此正可證明：接受「氣」（生命波），可提高對疾病的抵抗力。

或許心理的作用對身體細胞也有所影響。美國放射醫學的專家，卡爾・賽門特發表其臨床實驗的成果時，曾表示：讓病患在心裡想著：「我的疾病一定很快就會痊癒」，確實有延長癌症末期患者的生命之效果。

曼納・柯南博士的實驗研究並未停止。他亦以小白鼠做動物的實驗，證實了給小白鼠送進「氣」之後，NK細胞的活動力就會旺盛起來。雖然未能斷言動物並無意識能力，但應可認爲：有某種不一樣的作用。

曼納・柯南博士亦曾做過，給予試管中的人之血液送「氣」，實驗「氣」對生體之外直接作用的情形。因實驗次數尚不多，未便遽下斷言，但每次實驗都發現有很大的改變，其NK細胞的活動力大爲增強，應可視爲確實受到「氣」的影響。

雖然至今尚未能以科學的方法證明「氣」的形態與能力，及對生體細胞層次的影響，但我們相信，可以用科學的方法證明「氣」的生命波之存在與對生體細胞層次有某種影響的時日已不太遠。

◆把生命波送進頭腦使腦活化

接著讓我們來介紹生命媒體怎樣發生生命波的新理論。

大家都知道，存在於自然界的音、光（色彩）、振動都是波動。很多人可能會把音與光視爲完全異質的東西。但兩者都是波動形成的，應可視爲同質的東西。只是兩者的波動長度（波長）與波動頻率（一秒鐘波動多少次）不同。音必須以聽覺來感知，而光則必須以視覺來感知。雷射影碟(laser disc)或CD－ROM，雖然可再生音與映像，但記錄在碟片上的只是波動的信號而已。

音與光的性質相似，兩者轉換成波動的信號，記錄在碟片上應該亦可以互相變換的。

波動隨時都在變化，具有一瞬之間亦絕不會有同樣狀態的特徵。其變化的方式有：ＡＭ變調、ＦＭ變調與ＰＭ變調等三種。

首先說明波動強度的變動。聲音有大小之變動，就如同地震有搖撼大的地震與搖撼很小的地震。聲音大小的變化是波動振幅強弱的變動。振幅強，聲音大；振幅弱，聲音小。振幅強弱的變化稱爲振幅變調（ＡＭ變調）。ＡＭ收音機的波動頻率一定，只以振幅強弱傳達資訊，是ＡＭ變調的代表。

音波一秒鐘振動的次數叫做頻率（周波數）。是表示波動變化速度的指標。頻率的變化稱爲：頻率變調（ＦＭ變調）。音階較高的聲音，一秒鐘的振動次數較多，即頻率較高。相反的，音階低的聲音，其音波每一秒鐘振動的次數少，即頻率低。以頻率傳達資訊是ＦＭ收音機的原理，故稱爲：調頻收音機。

音波的頻率每一秒鐘變化多少次亦可以視爲波長的變化。波長是振動波向前進一次的距離。頻率越高，波長越短；頻率越低，波長越長。

波動的變化，除了上述振幅變調與頻率變調，還有收音機或電視機發出的聲音所沒有的位相變調（ＰＭ變調）。以音樂演奏會的例子來說，從各種樂器發出的音之強弱（ＡＭ變調）與高低（ＦＭ變調）即構成優雅的音樂。這優雅的音樂，由於聆聽的人在音樂廳所在的位置不同，聽到的音樂聲音亦會有些不同。因各種樂器發出的聲音傳達到右耳與左耳的時間稍為有一點差異。

同一音源發出的聲音，傳達到右耳與傳達到左耳的距離相差雖然不大。但同振幅、同頻率的聲音，傳達到距離較遠的右耳與距離較近的左耳，一定會有一些時間差。這種時間差就是所謂的位相差。人的頭腦在一剎那之間就能感知位相差，判斷聲音是從那一個方向傳來的。

自然界的一切波動（當然包括音的波動），都是由振幅變調（ＡＭ變調）、頻率變調（ＦＭ變調）與位相變調（ＰＭ變調）三種要素，互相重疊所構成的。人們生活在這個世上，無時無刻受到光、音以及振動波的影響。光、音、振動的波動有些可使人感到心情愉快，有些可使人感到焦慮、著急或悲傷，有些會使人精神安定、無憂無慮，有些會使人精神萎靡、恍惚。

若把波動的這三種要素，以科學的方法使其變化，人們的頭腦所受到的刺激，當然會不一樣。若將收音機、電視機、錄放音機、ＣＤ、ＭＤ等音響裝置發出的聲音，或透過麥克風的人的聲音，加上特殊的變調，使其音波的波動變成振幅、頻率、位相都適合

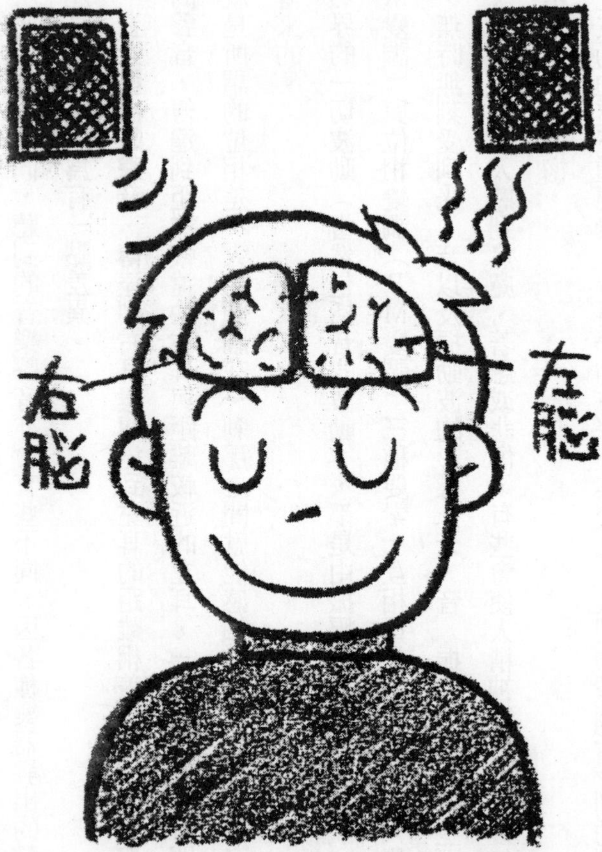

生命波對左、右腦作用，腦就會活化。

刺激頭腦的生命波，並把生命波送進頭腦，就可使頭腦活化，提高學習效率（記憶力、集中力）、增強創造力或靈感，或安定精神，消除緊張、放鬆身心。

◆百分之百導出音樂之魅力的ＡＭ變調

將各種樂器發出的聲音所具有的特質，怎樣加工使其形成怎樣的變化，才能成爲生命波呢？

音樂的形成，有大提琴(contrabass)發出的很低沉的聲音，也有橫笛(piccolo)發出的刺耳的高音等各種頻率不同的聲音，才能構成好聽的音樂。使高音連續少許振動的聲音(Vibrato)，或將同一頻率的聲音急速且有規則的反覆發出之聲音(tremolo)也都是頻率的變化。

因此，要以頻率變調（ＦＭ變調）對音樂加工並不適合。在音樂中已有的強弱，以ＡＭ變調使原來的音樂聲附加微妙的強弱，即可提高該音樂對人體細胞的影響力。此一效果經多次實驗，應可證實。

那麼音波的強弱在甚麼程度時，刺激人體細胞之後，最能使人感到舒爽、愉快呢？經多種實驗的結果，發現一秒之間波動十次左右，非常微弱的波動最能使人體細胞活

強奏或特別弱奏 (pianissimo 記號 pp) 的音之強弱變調的音樂最能使人感動。

化，使人感到舒爽、愉快。一秒鐘波動十次左右的波動與人的腦波爲α波狀態的振幅一致。詳細將在第四章說明。

音樂的音之強弱以強奏（forle 記號：f）、弱奏（piano 記號：p）表示。樂譜有f記號時要強奏，有p記號時要弱奏。然而人在演奏各種樂器時，要使樂器發出一秒鐘波動十次的微弱聲音並不容易。只有以生命媒體使演奏出來的音樂之音波加以微妙的強弱變化，使其聲音變成更能影響人體的音波。

人們一聽到這種經過生命媒體加工的音波（生命波），頭腦就會集中去聆聽，成爲易受音樂感動的狀態。良好的音樂本身就有使人心神安定或使頭腦成爲集中狀態的效果。生命媒體可以百分之百導出音樂所有的魅力，增幅音樂的效果。

◆位相變調最能整合腦波

音的強弱（AM變調）、高低（FM變調）與位相變動（PM變調）三者之中，最能給人的頭腦影響的是位相變調。從遠處傳來的聲音或發生在身邊的聲音，或從一側向另一側移動的聲音，如火車駛過身邊的聲音，因人的頭腦有確實捉住其位相變化的機能，才能辨別聲音傳來的方向，才能體會立體的音響。

要確認聲音位相變調對人的頭腦之影響，有下述方法：

例如準備能發出固定頻率與強弱的發信裝置，使其不斷發出聲音，使左耳聽到的聲音與右耳聽到的聲音之位相在一定的範圍內反覆變化。這樣做，有時可以聽到聲音來自左側，有時可以聽到聲音來自右側。一會兒聽到聲音來自左側，一會兒聽到聲音來自右側，看一秒鐘變化幾次，就會因位相差而在腦中產生某種動搖。

人的頭腦可分爲左、右腦。左腦的主要作用是：思考或判斷、或理解語言、文字，也就是追根究理的作用。而右腦的主要作用是情緒的。對各種事物直覺的感知，或整體的印象，是非語言的感性的作用。左腦與右腦主要的作用雖然不一樣，但彼此有著互補的作用。左腦與右腦的主要作用雖然不同，但並不是說左腦重要或右腦重要。左、右腦統合成爲協力的關係時，是能充分發揮能力的狀態。這種狀態時工作一定可以順利推展。

音樂家演奏音樂、畫家繪畫、藝人獻藝、運動選手等充分發揮實力時，左腦與右腦的腦波之頻率與振幅是一致的。相反的，一個人從事自己不擅長或討厭的事，或做事心神未能集中時，左腦與右腦的腦波並不一致，而是各自不同的腦波。

心神恍惚，做事、用功不能集中精神時，若給左、右耳聽到的聲音位相變化，就會依其位相變化的次數，整合左腦與右腦的腦波。

據實驗，左、右耳聽到一秒鐘位相變動十次左右的聲音，左腦與右腦的腦波就會統合成爲十赫茲左右的波動，這正是α波的頻率。腦波的α波成爲優勢波，精神就易於集中，全身的細胞都會活化起來，感性也會大幅提升。

事實上，音的強弱之變化（AM變調）或音的高低之變化（FM變調）也都有使精神集中、感性提升的效果，只是位相的變化（PM變調）的效果特別優異，尤其在一五二赫茲的聲音加上位相變化，從左、右耳送進頭腦，在腦裡就會形成一種嗡嗡聲，促使左、右腦的腦波整合成爲理想的狀態。

對前面提到的音樂家宮下富實夫先生，說明生命媒體的基本想法，並試作了一部可以將AM變調分成幾個層次的放音機，讓宮下先生聆聽他自己灌製的CD之音樂。他聆聽之後表示：

「生命媒體確是很好的裝置。以生命媒體加工的音樂，已非單方面給予的資訊，而是可以隨著聆聽的人之精神狀況，自動調整成最能活化身體細胞的音樂，而且任何音樂都可以透過生命媒體變成具活化人體細胞的音樂。未來生命媒體將成爲每一個人都必備的工具。又生命媒體加工出來的音響之方向性也至爲優異。……」

看來，生命媒體產生的生命音響也震撼了創造活化人體細胞之音樂的第一人，宮下富實夫先生的耳朵吧！

◆生命媒體將打開新的時代

生命媒體是利用剛剛發芽的新領域之科學研究發展出來的。高科技仍然快速的進展，生命媒體的新科技將成爲未來不可或缺的技術。

各種最尖端科技的研發，主要的考慮是：是不是能使人的生活更豐裕、方便，並不太重視與自然調和的層面。事實上，人活在世上能與自然密切調和亦是極爲重要的領域。經過多年的研究，在即將迎接新的二十一世紀之現在，終能提示能與自然調和的方法，內心感到十分的欣慰。

如開始時所述，生命媒體的理論是腦力開發研究所的志賀一雅博士首先倡導的，之後向實用化研究開發，終能推出生命媒體的第一彈，MY TRAINER αx，甚爲欣慰。

志賀一雅博士一九六一年（昭和三十六年）開始，在松下技術研究所，參與半導體的研究開發。之後，爲提高做爲一個研究人員的知能生產力，集合有志之士組成一個研究小組，埋首於人的腦波之研究。一九八三年（昭和五十八年）毅然辭去松下技術研究所的工作，創設了腦力開發研究所，設定活用腦波的研究目標，積極從事研究。

以往，「腦波」這一詞彙只在醫療機構診斷腦是否異常，或異常的程度怎樣時，醫師在使用而已。目前，一般人在日常交談時，已可聽到使用「腦波」或「α波」的詞彙。

志賀一雅博士在無意中發覺腦波的積極意義。因此，創設了腦力開發研究所，正式深入研究。至目前爲止，已開發了可以以自己的意識，控制自己的腦波，促使頭腦活化，導出潛在能力的方法（自我啓發程式），亦開發了支援該方法的「Brain builder」或「B. M. interface」等生命回饋裝置（一方面確認腦波的狀態，一方面自我訓練的裝置）。開發這些裝置的技術便成爲開發生命媒體的基礎。

腦力開發研究所亦收集了很多發揮能力時各種腦波之資料。從這些資料，發現了很有趣的事。

氣功師在出氣時，有著明顯的強勁α波，而接受氣功師發出的氣之人亦可以測出與氣功師同一頻率的腦波。由此，可以證明：以往不可能測定的「氣」之能量，可以明確的反映於腦波。

志賀一雅博士把所有累積的經驗合在一起，形成了生命媒體的全新概念。並更深層的去探討，使生命媒體的理論深化，同時向實用化的方向進行研究，歷經很多次的實驗，終於完成了生命媒體的第一號機「MY TRAINER αx」。

市面上早已有幾種可以促使放鬆身心、緩和工作或生活壓力、消除緊張的裝置。但這些裝置看來都未能超越自我完結的領域，只能說是補助瞑想的裝置。而MY TRAINER αx不但可以使用內部音源，且有積極與外部連接的功能（外部音源）。詳細的情形，將在下一章，由志賀一雅博士親自執筆爲各位解說，在此不想再多說，佔據篇幅。

MY TRAINER αx是可以與所有媒體連動的劃時代發明。任何人在任何地方都可輕易的調整自己的精神狀態，親身感覺社會是非常美好的。

這絕不是科幻小說(science fiction)之世界的話。現在是一個激烈變化的時代，二十一世紀，整個地球將如人體佈滿血管一樣，佈滿電腦網路，「氣」將任意的巡迴在電腦網路之中，任何人隨時都可以利用「氣」的能量，維護健康。

媒體之一的生命媒體，正是開創新時代的新媒體。生命媒體的可能性無限，可能將擴展至整個宇宙也說不定喔！

PRESENTATION 1

生命音響可以用聲音做「頭腦體操」

日本千葉大學名譽教授
多湖 輝

心理學的測驗方法中有一種叫做ＴＡＴ（主題統覺測驗）方法。例如給被測驗者看男女在一起的影像，讓被測驗者自由想像，將想像到的以故事的形態表示出來，用以分析被測驗者的深層心理。

這是視覺的ＴＡＴ。聲音的ＴＡＴ則讓被測驗者聽不同的聲音，如①「空！」（鑼聲）、②「嗶！」（笛聲）、③「得！得！」（腳步聲）、④「滴答，滴答」（雨水落地聲）、⑤「吧丹」（開門聲）等，請被測驗者自由想像，並說出想像的景像。

自己做做看，就可以知道：聲音的ＴＡＴ比視覺的ＴＡＴ有更廣闊的想像空間。由此可知聲音具有喚醒人們多方面去想像的力量。

新科技產生的生命媒體(Bio-media)產生的生命音響(Bio-Sound)，可以更提高想像的空間，有助於養成自由想像、思考的能力。

緊張得僵硬的頭腦，絕不可能自由想像。此一概念與我所倡導的「頭腦的體操」之概念完全一致。

我親密的友人，原英國牛津大學教授，愛德華・得・博諾博士曾提倡「岩石理論與水理論」的概念。岩石的形狀固定，且不易破壞，而水的流動性極大，隨時都會改變其形狀。

現代的人之頭腦眞像岩石理論，僵硬、凝固，隨時都被各種壓力壓得喘不過氣，有如被置於可能窒息的環境，實在很悲哀！如不能以水的理論爲基礎，使想像力、思考力多樣化，人生實在沒有太大的意義。

因此，我敢斷言：生命媒體將成爲即將到來的時代，要更舒適活下去，不可或缺的工具。

多湖　輝先生簡歷

一九二六年生於蘇門答那島。日本東京大學文學部哲學科卒業，同大學碩士，專攻心理學。經日本千葉大學助教授，一九七三年升任教授。現任同大學名譽教授。

研究心理學之餘，以豐富、嶄新的創意，著作了「頭腦的體操」等許多暢銷書，獲得社會的好評。最近進行幼兒教育、高齡老人的問題之研究，時常在廣播或電視頻道上現身說法。

著作等身，主要著作有「發想力」、「開發腦力的技術」、「語言的心理作戰」、「這樣的親子關係就滿意嗎？」、「使孩子的頭腦更敏銳的心理作戰」、「使孩子成長的一〇二授業術」、「六十歲以後的人生」、「訂定人生計畫的方法」等。

PRESENTATION 2

生命音波會改變未來

株式會社オリコン會長兼社長
小池　聰行

人類爲了安定精神，發洩情緒，創造了音樂，同時亦製造出可以產生各種聲音的許許多多樂器。但我還是認爲各種樂器所產生的聲音絕對比不上人的聲音。因爲人的聲音最能赤裸裸的傳達心意。

歌聲中含有音的波動與從生體細胞產生的波動。揚溢著愛心與調和的歌聲能使人感動，就是能充分傳達這兩種波動的緣故。唱詩或音樂的旋律也必須揚溢著愛心與調和才能使人感動。

我一直想創作能感動人的歌曲，並培養能唱感動人的歌之人才，現在已略有成就，所以籌畫在近期成立「無ＭＵＵ的網路」，向全世界播放愛心與調和的歌聲。

人類可能都犯著幾種錯誤，所以常常會煩惱、苦悶、焦慮不安或暴躁如雷。有些人把它歸因於文明的發達。但我認爲文明並沒有甚麼不好。在文明的社會，只要把心思改變，煩惱、苦悶、焦慮就可消除。

人與宇宙的意識有著不可分的關係。我們如不能積極與宇宙融合，吸取宇宙的意識融入自己的意識之中，可能將無法繼續生存下去。佛教的「無」即表示與宇宙成爲一體的狀態（詳請閱拙著：「無與宇宙融合的方法」）。

我爲了改變人的心，正努力開發可以發生良好的聲音之方法。聽了MY TRAINER αx以物理的技術將聲音的波動加以變化，這種變化的聲音，覺得確對腦神經有良好的作用。其方法雖然與我所想到的方法不同，但目的是一致的。

我一直希望能開發可給人們好運的音響波動，貢獻社會，並結交能發出良好波動的人們，共同努力，傳播良好的波動。我相信地球的未來一定會因良好的波動而變得更和諧。

小池　聰行簡歷

一九三二年出生於日本北海道。日本同志社大學文學部社會學科畢業，專攻新聞學。創設Oiginal Confidence社，出任社長。一九九三年更名Oricon社至今。發行Oricon week, the Ichiban等以分析各種資訊爲主的資訊週刊。

並爲解析、應用「感動的架構」，設立「日本感動工學研究所」，蒐集有關「人氣」的膨大資訊，輸入電腦，並以此爲基礎，提示網路化的目標，展開「感動」的事業，追求二十一世紀感性的商業。

主要著作有：「將未來融入現代的人們」等。

PRESENTATION 3

能給聲音生命的生命音響

帶津三敬醫院院長
帶津 良一

中國古書「元極學」中說：天地宇宙是由「元氣」、「元光」與「元音」三要素（三元）所構成的。宇宙所有星球與人體都依照「三元」的運作法則在運行，違背「三元」運作法則，就會被消滅。音響是「三元」的重要要素之一。爲了維持生命，人隨時都要聽取各種音響。

今年夏季到內蒙古遊覽時，自北京坐火車向吐魯木齊出發，當火車奔馳在大沙漠平原時，忽然來了一陣大驟雨，大家都急急忙忙的把車窗關起來，使車廂裡的空氣變得混濁難受。

爲了交互列車，我搭乘的列車在一個小站停下來，等對方來的列車過去。這時驟雨已停，打開車窗，自窗外飄進來一股清風，身心頓覺舒爽。這時對方來的列車由發出

「咻!咻」聲的蒸汽機車牽引著駛進站來。

蒸汽機車的「咻!咻」聲，聽起來好像隱含著躍動的生命。我在心裡想：這不就是「元音」嗎?幾十年沒有聽過蒸汽機車的吼聲，忽然之間又聽到這種聲音，使我感到親切、舒爽極了!

蒸汽機車是人工製造出來的，但我把它視爲大自然的一部分。然而，有很多的人都會把文明的產物，向與大自然乖離的方向去想，所以會煩惱、苦悶。社會不能沒有文明，若能把文明融合於大自然，你就會泰然了。

說實在的，我們應該努力發現類以「元音」的音響，充實精神生活。

MY TRAINER αx 產生的音響與「氣」有著密切的關連，是一種能給音響生命的聲音。

最近十多年來，每天朝晨都會去氣功教室練氣功。氣功教室經常播放電子合成音樂(Synthesizer)或中國音樂。開始去學練氣功時，我眞不知道爲甚麼要播於那種音樂。後來才知道那種音樂的聲音類似「元音」，可以提高練氣功的效果。

MY TRAINER αx 發出的音響更接近「元音」。這一點是可以肯定的!

帶津　良一先生簡歷

一九三六年出生於日本琦玉縣。日本東京大學醫學部畢業。曾任共立蒲原綜合醫院、都立駒込醫院外科醫長、日本摩擦醫學協會理事、日本琦玉大學醫學部講師、中國上海中醫藥大學客座教授，現任帶津三敬醫院院長，合用西醫與中醫的氣功治療法醫治西醫無法治療的疑難雜症。

著作等身，主要著作有：「打敗癌症的（食、息、動、想）強健法」、「健康革命」、「緊張的科學與健康」、「和動」、「治療敏感症大辭典」、「摩擦醫學的治癒力」、「提高自然治癒力的方法」、「調和呼吸法」、「氣的能量」、「生命場的奇跡」等，並經常在ＮＨＫ「趣味百科」節目中主講氣功而活躍著。

第三章　磨練感性的裝置
MY TRAINER αx

（志賀一雅）

產生「生命波」的裝置MY TRAINER αx
究竟是甚麼呢？
是依甚麼樣的概念開發的呢？
在此介紹其概要與機能，
期使用者能正確使用，
獲得預期的效果。
已有不少可使身心健康，
發揮能力的方法或裝置出現，
但，MY TRAINER αx是與這些方法或裝置
完全不同層次的！

誘發腦波的 α 波之 MY TRAINER α x

◆電子技術的結晶

能夠在充滿生命波 (bio wave) 的自然環境中工作或用功讀書，當然沒有問題。但事實上很多人都必須在喧鬧的都市空間過日子。喧鬧的城市空間，生命波顯然不足。將身體置於生命波不足的空間，腦雖然會適應那種空間而活動，但是會脫離生命體本來應有的態勢，使肉體與精神形成很大的壓力。

現代的人大都不覺得自己所受的壓力，等到人際關係受到挫折，或被醫師斷定為心身症或神經病，才恍然大悟，是因太多的壓力形成的。等你恍然大悟已經來不及了。要恢復健康，不但要花很多的能量，還得很長的時間喔！

然而，我們又不可能逃避社會生活的空間，為了保持身心的平衡、發揮潛能，只有積極的使自己的身邊產生更多的生命波。

要使光波或各種振動波變成生命波，或許不容易，但以現代的電子科技，要使各種音響變成生命波，應該不是太困難的事。

據此一理念，徹底分析聲音之中含有的生命波之要素。以科學技術分析有困難的問題，則仰賴可信賴的超能力者之判斷、積極從事研究，終於開發出了MY TRAINER αx。

MY TRAINER αx可以說是二十一世紀科學的先驅，是科學家與超能力者絞盡智慧完成的裝置。

◆自然界有著消除壓力、緊張的「動搖」

自然界隨時都在變化。在自然界不斷變化中，生命體不斷進化。在進化頂點的人類，已具有辨別：能給細胞或器官、肉體或精神良好影響與惡劣影響的「動搖」之機能。第六感敏銳的人，或許可以感知各種微妙的「動搖」，但一般的人並不能感知自然界的微妙「動搖」，只是懵然的過日子而已。

我們雖然不能感知自然界微妙的「動搖」，但我們有時會因環境的條件而感到心情特別舒暢、愉快，有時會因環境條件而感到焦慮不安。事實上，這都是頭腦對環境的反應。

在很多人的協助下，我們曾調查了：能給心地感到舒暢、愉快的音響、振動或情景的「動搖」與能給人不快的刺激之「動搖」的差異。同時亦調查了集中力強盛，湧出強勁的意欲時，以及充分發揮能力時的環境之刺激。

結果發現有不少理由是無法用科學來說明的。但亦發現了很多有趣的事。

◆嗜好、好奇心都會超越刺激

如「心頭定、不驚外面做風颱」（台語）所表示的意思，一個人若修行到頂點，在任何環境都可以充分發揮能力。一般的人，雖然沒有修行，但對想做的事情如能抱著極大的興趣或好奇心，腦裡自動克服壓力的機組即會開始作用。

徹夜不眠，熱中於麻將遊戲、著迷於饒舌、全神投入於工作、秋夜耽思或讀書亦可廢寢忘食，對周遭的喧鬧或悶熱亦不會有所感覺的時候。這時調查其腦波，雖然在沒有生命波的惡劣環境，還是可以觀察到不少α波。這是腦已超越了環境的刺激，自動調整成爲可以發揮能力的狀態使然。

若心理有甚麼期待時，或有挑戰的心情時，腦亦會超越惡劣的環境，發揮能力的機能亦會開始作用。飢餓的狀態或處於逆境時，所以能發揮驚人的能力，道理就在此。

人的頭腦之架構是：任何事只要抱著興趣或好奇心、期待或挑戰的意識去面對，任何壓力都可以克服。有關腦的架構將在第四章詳述。

◆腦對1／f動搖特別敏感

如上面所述，內在的心理狀態強制控制著自己的身體或心思。但以1／f動搖刺激，腦在瞬間就會轉變爲外在刺激感應的心理狀態。也就是形成擠進了外在刺激的狀態。對生命體來說，1／f動搖是極爲強烈的刺激。

自然界有著各種1／f動搖，以往被認爲能安定心情的風和日麗的日子之波浪聲或小溪潺潺的流水聲、枝頭小鳥的鳴叫聲都含有豐富的1／f動搖之成分，名曲或名畫亦含有1／f動搖的成分，因而受人喜愛。

但明明是1／f動搖，也會給人不愉快或耐不住的刺激。你是否因蚊子飛翔的聲音而感到討厭或不安？或酷熱的夏天深夜聽到蟬的鳴叫聲而感到討厭？實際計測蚊子飛翔的聲音與蟬的鳴叫聲，都是1／f動搖無疑。

這就是說：1／f動搖給生命體的刺激，有時會使心情舒暢，有時會使生命體感到討厭，端看接受之後產生的現象而定。因爲頭腦接到各種信息，會在頭腦裡構成一定的條件，所以聽到蚊子飛翔的聲音或深夜聽到蟬叫的聲音，就會覺得討厭，同樣是蟬叫的聲音，白天聽到時，會使人感到夏天的氣息，湧出處身深山幽谷的感覺。

以１／ｆ動搖的音樂或環境音響消除緊張或壓力曾經成爲一種風潮。但不久即逐漸冷卻。原因是大家都不瞭解１／ｆ動搖會因聽的人之狀況與心理狀態而變化之故。１／ｆ動搖在生命體來說，確是一種強烈的刺激，其作用至爲顯著。對心情愉快、明朗、肯定的人會產生良好的作用，但對緊張、悲哀、否定的人，反而會有不良的作用。

生命波所追求的是含有１／ｆ動搖的波動，但我們認爲１／ｆ動搖的刺激有著正反的效果。因此，決定在 MY TRAINER αx 不採用１／ｆ動搖，以免導致殊多困擾的問題。

◆具特別意義的一五二赫茲之聲音

自然界可以說都是波動。但甚麼樣的波動之刺激，才不會使人感到不快呢？人的頭腦對各種動搖的反應最敏感。一個人心情愉快、充滿滿足感或集中力強盛，能全精神投入工作或用功時的腦波，其波動頻率大都在四赫茲至十四赫茲（一秒來回動搖四次至十四次）之間，所以決定採用此一頻率來設計 MY TRAINER αx。

接下來是要採用甚麼樣的媒體，將生命波動搖的刺激，送進頭腦較好的問題了。光波、音波、振動波等媒體，究竟選擇甚麼媒體最適當呢？我們的結論是；音波以外的媒體都不適合。

因爲能感知光波或振動波的是腦的後頭葉之視覺領域，與頭頂葉的體能感覺領域。視覺領域與體能感覺領域的腦皮質所佔的面積相當廣，受到外界的刺激，腦活動的大部分都會受其影響，而忽略了本來應有的活動。

以前曾有以彩色的燈，使其燈光一閃一閃的閃亮，刺激視覺，誘發腦波成爲α波，消除疲勞的商品在市場上風行一時。現在此種商品已不復見了。據使用這種商品的很多人說，「使用這種裝置，不但不能消除緊張，反而會更緊張，更疲勞」。

這是當然的事。因爲腦的構造並不是以閃亮的光波刺激視覺就會誘發α波的單純構造。事實上，腦的光波誘發電位（腦受光的刺激，就會在腦裡形成的電位）確會隨著光波閃亮的頻率而變化。這是不可置疑的。但把光波誘發電位視爲是α波，本來就是錯誤的。眼睛受光波誘發電位強烈變化的刺激，當然會更緊張、更疲勞！

我認爲刺激聽覺最能使腦活化。其理由是：腦裡有著感知聽覺的獨特構造，聽到優美的音樂，腦會感到舒暢、愉快，聽到槍聲，心理就會形成恐怖的感覺。因此，開始調查甚麼樣的音樂，才能使大多數的人喜愛。結果是：以純音來說，成一五二赫爲中心的正規分布。亦就是一五二赫的音響可使大多數的人覺得舒暢、愉快。爲甚麼大多數人都喜歡一五二赫茲的低聲呢？在未宣布調查結果之前，讓幾位超能力者聽各種音響，並詢問他們感到最舒適的音波之頻率，結果異口同聲認為一五二赫茲的音波或一五一赫茲的音波最舒適。這究竟是甚麼意義呢？尚待進一步研究。但我們決定採用可以使大多數人都感到舒爽、愉快的一五二赫茲之音響為中心來設計我們正在研發的裝置。

◆敏感的頭腦感知機能

不久之前，曾聽東京醫科齒科大學角田忠信教授說了一段很有趣的話。詳細內容刊載於角田教授所著「腦的感知機能」一書（丸善出版），若想更深入瞭解，請參閱該書。

據角田教授表示：以往很多人都認為純音都是用右腦來聽的。但實際計測的結果，發現未滿一〇〇赫茲的純音確都由右腦來聽的，但一〇〇赫茲以上的純音卻是用左腦來聽的。且其精確度奇高，絕對不可能超過一赫茲。只是一二〇赫茲、一四〇赫茲、一六〇赫茲，……每相差二十赫茲，就含有只能以右腦來聽的純音。並發現人滿十九歲（以十九歲的生日為界），以及十九歲的倍數之年齡，本來由左腦來聽的一〇〇赫茲以上的音響，就會自動轉變為由右腦來聽的。

例如十九歲、三十八歲、五十七歲、七十六歲……的人，都會以右腦來聽一五二赫茲的音響。除上述年齡之外的人都是以左腦來聽一五二赫茲的音響。實際計測，結果都一樣。因此，角田教授認爲人的頭腦好像樹幹一樣，也會形成年輪。每年生日就會增加一年輪，十九歲、三十八歲、五十七歲、七十六歲形成的年輪較明顯吧！（譯者註：生日那一天如爲一月二十日，農曆爲十二月一日，滿十九歲或滿三十八歲、滿五十七歲、滿七十六歲的生日那一天，一月二十日的農曆也一定是十二月一日，眞是不可思議。）

尊重角田教授發現的此一事實，純音的頻率發生變化，腦內感知音響的開關就會頻繁轉變過來，轉變過去，而消耗不少能量。既然決定採用一五二赫茲的純音，做爲媒體發生的音波信號且絕不能超過一赫茲。爲永久保持一五二赫茲的純音，因此，使用高精確度的水晶振盪器。（譯者註：水晶振盪器精確度很高，操縱飛彈的控制系統均使用水晶振盪器，一般電子機器均不使用。）

◆以純音的位相變調來刺激頭腦

音源在正對面時，音響同時會傳進左、右耳。但音源在右側時，左耳聽到音響的時間，會比右耳聽到音響的時間慢一些。假設左、右耳的距離爲三四公分，音速每秒爲三四〇米，音源在右側時，左耳聽到音響的時間會比右耳聽到音響的時間慢 1/1,000 秒

第1圖

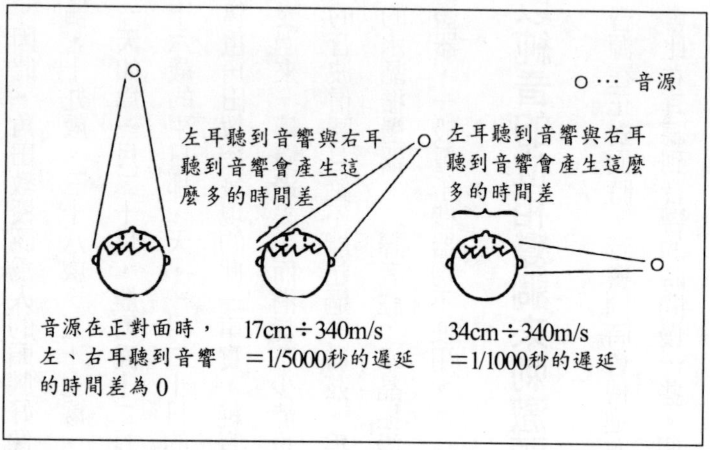

(34cm÷340m/s＝1/1,000)。若音源在右前方成四十五度角時，左耳聽到音響的時間會比右耳聽到音響的時間慢 1/5,000 秒(34cm÷2÷340m/s＝1/5,000)（參閱第1圖）。

左、右耳聽到音響的時間差，大腦瞬間即可計算出來，而判斷音源是在左方或右方。大腦在計算時間差時是在潛在意識計算的，所以實際上並不可能意識到。

音源從正前方移向右方，左耳聽到音響的時間與右耳聽到音響的時間會有0～1 mm/s的時間差，音源從正前方移向左方時，左、右聽到的音響時間差亦是0～1 mm/s，只是右耳聽到音響的時間較遲而已。

大腦可能未具備計算左、右耳聽到音

第2圖

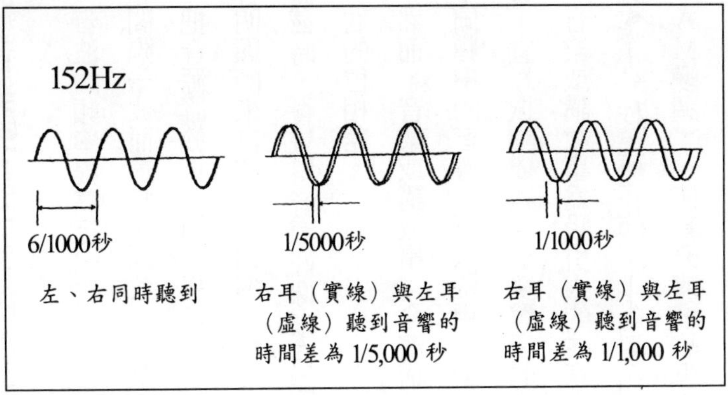

響的時間差超過 1 mm/s 的程式吧！左、右耳聽到音響的時間差超過 1 mm/s 時，聽覺就會產生混亂的現象。

例如讓在卡拉ＯＫ面對麥克風唱歌的人，右耳聽到的伴奏音響與左耳聽到的伴奏音響的時間差爲 1~2 mm/s，一定會覺得音程與旋律都狂亂得不對勁，而無法隨著唱下去。但把左、右耳聽到的伴奏音響之時間差擴大爲 100 mm/s，在頭腦會形成像山谷回音 (echo) 的印象，所以可以心情愉快的隨著伴唱的音樂高歌了。

因爲腦對音波的感覺相當敏感，故 MY TRAINER αx 使用高精確度的水晶振盪器，可以安定的發出一五二赫茲之純音，且可調整進入左、右耳的音響之時間差在 0~1 mm/s 的範圍（位相變調的深度）。並設定位相變動的頻率不超過 α 波與 θ 波頻率的範圍。

◆將音樂或講故事的聲音以振幅變調刺激頭腦

音波的頻率提高至一〇〇〇赫茲，若其位相差爲1 mm/s時，左、右耳聽到的音響波會間隔一波而重疊。因此，頭腦無法檢知其時間差，無法判斷音源的方向。

把音源置於正右側，將音響的頻率逐漸提高，低音（音響的頻率低）時，所聽到的聲音明顯的來自右方。頻率逐漸提高，判斷音源的位置會逐漸困難。頻率提高至一〇〇〇赫茲時，會覺得音源好像來自左側。因爲頻率超過一〇〇〇赫茲，大腦即無法認知左、右的位相差。

然而，音樂或講故事（含演講、說相聲等）的音響並不是純音，其聲音中混雜著各種不同頻率的音響，要以位相變調使其成爲生命波並不高明。頻率高且混雜不同頻率的音響，宜以振幅變調（改變聲音的大小）來處理較好。

音樂或講故事爲吸引人的注意力，表現豐裕。其音響強弱、高低變化無窮，像腦波的頻率，一秒鐘變化四—十四次的並不多。所以MY TRAINER αx 決定採用振幅變調（AM變調）、使音樂或講故事的聲音之頻率在 α 波或 θ 波範圍外的音響消除。

市售的CD唱片或數值音響 (digital audio Disc)，好像都以機器將耳朵聽不見的頻率超過二〇〇〇〇赫茲者去除掉了，只留下耳朵可以聽見的頻率之音響。要聽取音樂，這樣做確很合理。但要以生命波或生命音響的水準來看，這是顯然不合格的。對音的感覺，除了耳朵的聽覺，身體細胞亦會有所反應。二〇〇〇〇赫茲以上的聲音耳朵的聽覺雖然聽不到，但細胞卻能捕捉到。

我們決定在 MY TRAINER αx 加上二〇〇〇〇赫茲以上的音波。這種音波雖然以耳機或揚聲器聽不到其聲音，但裝置本體還是設計成可以發生像超音波的信號之構造。將市售的卡式錄音帶或ＣＤ唱片的音樂，透過 MY TRAINER αx 來聽，即可聽到很好的音響。主張卡式錄音帶或ＣＤ並不是眞正的音樂之音樂家或對音特別麻煩的音響狂，亦可以滿足。

加上以腦波的頻率加以ＡＭ變調，就會成爲眞正的生命波。

◆MY TRAINER αx 的構造

在此簡單的說明 MY TRAINER αx 的構造，期有興趣者能瞭解 MY TRAINER αx 的內涵。

第3－I圖是自水晶振盪器所發生的一五二赫茲之純音，以腦波的頻率位相變調之

方塊圖

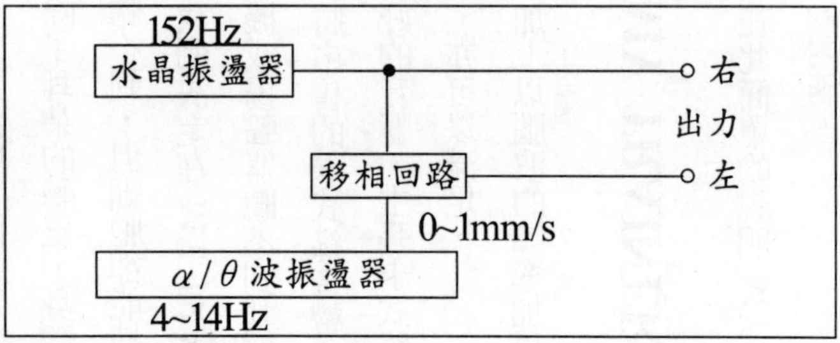

第3－I圖

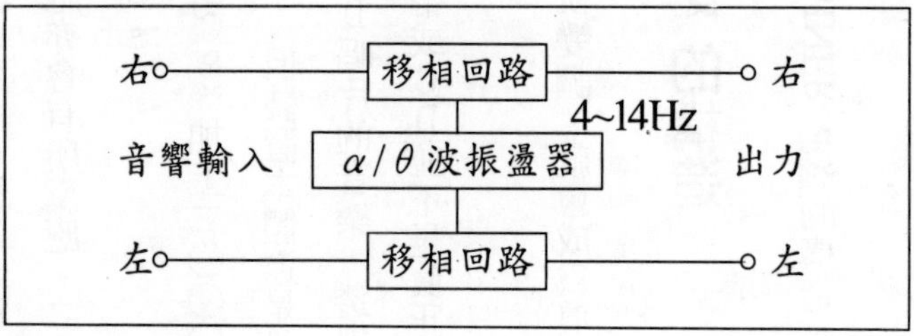

第3－II圖

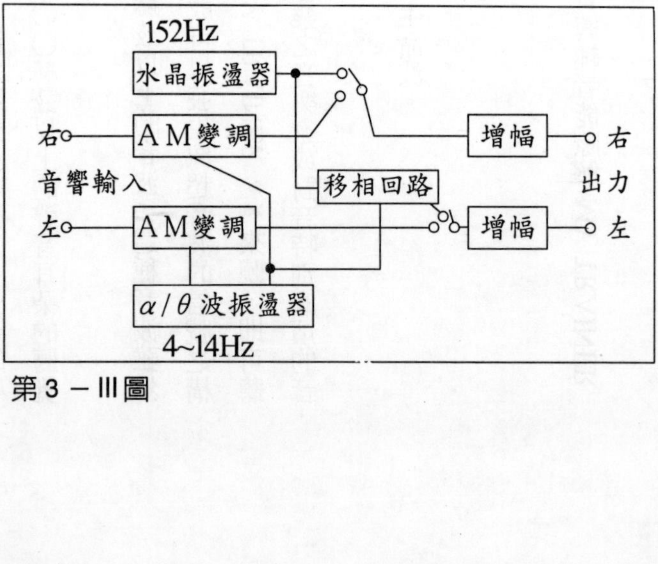

第3－III圖

方塊圖。這一方式我們已向專利局申請專利權。對音樂等外部音響信號之位相變調，以第3－II圖的方式即可實現。但實際聽其音樂，稍微會影響聽覺，心理的印象並不太好。所以MY TRAINER αx採取了如第3－III圖所示，具有AM變調的構造，並加上二〇〇〇〇赫茲以上頻率的音響。

經各種實驗，二〇〇〇〇赫茲以上頻率的音響，選定了超高音的二三四九〇赫茲之音響。

為甚麼現在是 MY TRAINER αx 的時代？

◆造成可以適應任何狀況的頭腦

一個人從事自己喜愛或拿手的事時，都能全精神投入，幹勁十足，且會感到很愉快，很幸福。但勉強用功讀書、辛苦的練習、考試或比賽或工作時則往往提不起幹勁。心裡想堅持下去，但反而會產生逆向的作用，不但無法集中精神，很快就會覺得疲勞或緊張。

因爲發揮能力時，腦波逐漸會成爲β波爲優勢波的狀態。強迫自己的腦波維持β波爲優勢波的狀態，就會造成精神與身體的緊張。精神與身體長久處於緊張的狀態，不但會影響身體機能，對人際關係亦會有不良的影響。

從事自己喜愛或拿手的事時，無論環境或狀況如何，腦波以α波爲優勢波，精神與身體都輕鬆、愉快，故沒有甚麼問題。但精神或身體狀況惡劣時，就得想辦法恢復精神與身體的狀況。能自己磨練可使精神與身體狀況恢復的方法，當然最好。其他只有借助外界的生命波，刺激頭腦，使腦波的α波成爲優勢波了。

我們不妨想一想，有甚麼方法可以恢復精神與身體的機能？怎樣才能在各種惡劣的環境中，必要的時候腦波的 α 波就會成爲優勢波。以下是我們已知的幾種有效的方法。

◆瞑想——易使腦波湧出 α 波

據知很多成功的人，日常生活中都有瞑想的習慣。成功的企業經營者尤其注重瞑想。業績大幅成長的企業之經營者都以合理的方法瞑想，而成長緩慢的企業之經營者好像都以傳統的方法瞑想。運動家或藝術家每天瞑想的人亦不少。看來瞑想與發揮能力有著密切的關係吧！

瞑想究竟是甚麼呢？有很多人認爲：瞑想是深奧得不易理解，與日常生活沒有任何關係的，是特殊的人之專屬，一般人是不易親近的。

一般談起瞑想，一定會介紹坐禪或練瑜珈術。故很多人認爲有著濃厚的宗教價值觀，與一般的人無緣。

依國語辭典的注解：「瞑想就是閉起眼睛，靜靜的想念」。若依國語辭典的注解，每一個人每天都有瞑想的時間了。「閉起眼睛，靜靜的想念」最後可能會達到禪的瞑想狀態。只是我們每天瞑想的時間不夠長，因而未能達到禪的瞑想境界而已。

事實上，閉起眼睛，從視覺進入腦的資訊就會被遮斷，腦就不必爲處理從視覺進來的資訊而忙碌，意識就易於集中，腦波中的α波成分就會增多。但一張開眼睛，外界的資訊透過視覺立即會傳到腦。腦為處理外界進來的資訊，就會開始複雜的作用，腦波中含有的α波成分就會減少。腦神經回路的作用分散，腦波就會成為複雜的β波。

坐禪是半閉著眼睛的，每天都要坐禪的人，半閉著眼睛的狀態，腦波亦會湧出強勁的α波。希望保持清醒、理智、不為假像迷惑，提高記憶力、創造力、思考力、判斷力、前瞻性的人，學會瞑想，並經常瞑想亦是一種方法。

◆祈禱的力量——虔誠的心情是α波狀態

祈禱是否能有效達成願望，那是信仰的事。因為不是科學，所以沒有多少人關心。然而，我們的心與身以科學的方法來觀察，好像是「信就得救」的構造。

不必迷信既存的宗教，在心裡塑造屬於自己的「神」，並把自己置於「神」之中，隨時向「神」祈禱看看。我們發現耽於瞑想，忽然會意識「神」的情形很多。佛教也許不是「神」，而以「佛」表示。不論是「神」也好，「佛」亦好，若把「神」或「佛」視為自己的潛在意識，祈禱就成為科學的了。

向「神」祈禱，默默的將自己的願望向「神」訴說的行為，等於將自己的願望向自己的潛在意識傳達。這裡所謂的祈禱並不是寺廟或教會按一定程序進行的儀式，而是虔誠的自心底湧出某種願望的祈禱。

一個人虔誠的祈禱時，一定會把雙眼閉起來，把從視覺傳達到腦的外界信號遮斷。進入腦裡的外界信號減少，腦波就會湧出α波。這時將自己的願望傳達給潛在意識，潛在意識受到「強烈的願望」之刺激，就會湧出實現願望的叡智，努力去達成自己的願望。這便是祈禱的力量。

心情輕鬆、愉快，加上虔誠，腦波的α波就會成爲優勢波。在這樣的狀態，意識願望，腦即會向實現願望開始作用。在辦公室或工廠的一角，安置神位或佛像，經營者與從業人員，每天早上都能在神的面前虔誠的祈禱，要神保佑業績不斷成長，業績眞的會不斷成長喔！

現在是科學的時代，沒有信仰亦可以活得好好的。學校教育亦盡量避免談及信仰的問題，使得很多年青人在日常生活中，好像都沒有甚麼信仰。更何況集很多年青人在一起的企業，怎能強迫從業人員信仰呢？

但創業者或成功的經營者，好像都有堅定的信仰。可能是親身體驗，感到強烈的信念是使企業生存下去的原動力。而支持其信念的是日常的祈禱，是堅定不移的信仰。

這是心理的問題，而不是在事務所或工廠的一角安置神位的問題。

◆嗜好是α波的世界——廢寢忘食全神投入

任何事情，只要你喜歡，一定可以做得很好。自己的嗜好或喜歡的事，做起來一定會覺得很有趣，所以能忘記時間的飛逝，熱衷的去做。自己喜歡的事，不必特別努力想把它記住，自然的就會牢記在腦海裡，等你發覺，你已成爲此道的專家了。

每一個人可能都有一、二種自己嗜好的事或拿手的活兒。喜歡賽馬或打小鋼珠的人，沉迷於賽馬或打小鋼珠時，腦波會湧出強勁的α波，而無視於時間的飛逝。登山、釣魚、旅行、打高爾夫、下棋、唱歌、打麻將……都會有同樣的效果。

只要抱著好奇心與興趣，腦就放出意欲的荷爾蒙。身體細胞受到意欲的荷爾蒙之刺激就會活化起來，頭腦的神經回路亦會開始有效的作用。這時無論多辛苦，都會覺得輕鬆、愉快。

工作或用功讀書時，如能保持這樣的狀態，效率一定很好。可惜的是：工作或用功讀書時，往往欠缺好奇心與興趣。因爲工作或用功讀書究竟不是自己的嗜好，或受到工作或用功讀書必須認眞，不能像玩樂一般，以自己的興趣，任意而爲之拘束吧！所以工作或用功讀書時心情就會形成認眞緊張的狀態。

腦常常會放出促進興奮與滿足感的荷爾蒙，使人追求更滿足的生活。這是潛在意識層次的作用，平常不易意識。但對日常活動感到很滿足時，頭腦會趨於冷靜，產生很多不同的智慧。

促進興奮與滿足感的荷爾蒙之作用系統的神經回路活化，眾多的腦神經回路就會產生同步的信號，以α波的形態顯現在腦波之中。

◆強化α波——自律訓練法

自律訓練法是西德的醫師J·H·修茲博士所提倡的覺醒自我暗示法。其基本是放鬆身心，提高自然治療力。是使身心完全放鬆，緩和精神上的緊張或壓力之方法。自律訓練法對治療因緊張或壓力過大而引起的心身症或神經病很有效，而受全世界精神醫師的重視。

測試實際實行自律訓練法的人之腦波，練自律訓練法越精進，腦波中的α波越強勁。可能是腦波爲強勁的α波狀態時，潛在意識的作用會增強，而提高自然治療力吧！自律訓練法確有恢復受傷或疾病的功效，但在我看來，只是強化腦波的α波之方法而已。

日本有不少心理學者與精神科醫師集在一起，組成了「自律訓練學會」，從事基礎研究與臨床應用之研究，已累積了不少成功的例子。因此，其功效逐漸被醫界所重視。

讓末期癌症患者適用自律訓練法，提高治癒成績的賽門療法及生存意義療法是其典型的例子。

腦波爲 α 波時，可以消除患者的緊張或壓力，已經醫學界證實。那麼對消除健康的人之緊張或壓力亦一定有效。就是對健康的人無效，在健康的時候學會自律訓練法，一旦失去健康，立即可以派上用場，也不吃虧呀！

因此，社會上有關自律訓練法的啓蒙者或自律訓練法講座逐漸增多。很多薪水階級或上班女性都趨之若鶩。練習自律訓練法並不單純，也不是很有趣的事，亦不像治療疾病，可以感到明顯的效果，又無法瞭解是否有所精進，健康的人練習自律訓練法難免會有挫折感。這是自律訓練法最大的缺點。

經很多專家證實，自律訓練法的效果比想像的還要好，實行自律訓練法，不僅可以保持身心的健康，對促進發揮能力亦很有效。願各位都能學會自律訓練法，以備不時之需。有關自律訓練法的詳細請參閱佐佐木雄二著「自律訓練法的實際」一書（創元社出版）。

◆強化 α 波——生命回饋法

自律訓練法確有強化腦波的 α 波之功效，但要練好自律訓練法並不容易，必須要有很大的忍耐力與恆心，持續練習。對集中力薄弱或注意力遲鈍的人來說是一大考驗。

現在已有利用電子技術，可以強化α波之生命回饋裝置。使用生命回饋裝置來強化α波，可補足集中力薄弱、注意力遲鈍之缺點。

練習自律訓練法時，腦波是否出現α波或還是β波爲優勢波的狀態，自己無從瞭解。腦波仍然是β波爲優勢波的狀態，拼命練習自律訓練法，可能只會增強β波而已，並不易湧出α波。

如能使用可以測出腦波變化狀態的生命回饋裝置，實際測定腦波，就可知道腦波中是否出現α波及其強度了。因爲生命回饋裝置可將腦波以光或電子信號明確的表示出來，故一看即可知道是α波爲優勢波或β波爲優勢波。

腦波的α波爲優勢波時，手掌或腹部會感到有些溫暖，而頭額則會有涼爽的感覺。練習自律訓練法就是要造成這樣的感覺。由於自己並不知道腦波究竟出現了α波或仍爲β波優勢波的狀態。因此，很不容易達到此一境界。如能以生命回饋裝置確認腦波，就可修正練習自律訓練法的方式，向腦波可出現α波的方向去練習。而且有振作精神的作用，使感覺敏銳。

練習自律訓練法時，如能配合生命回饋法，就可自己確實控制腦波。腦波的α波爲優勢波時，如能將語言或印象構成條件送進頭腦，腦就會永遠記住這些條件，即可能用於日常生活或工作，至爲方便。

◆現在是 MY TRAINER αx 的時代

在現代充滿壓力的社會，要保持身心的健康，並發揮預期的能力，除了每天做瞑想或抱持虔誠的信仰，或養成強烈的嗜好，或以自律訓練法磨練自己，或以生命回饋法強化腦波的α波，恐怕很容易就會形成心身症或神經病，至少意欲會減退，成爲沒有意義的人生。

對上述各種方法無緣的人該如何才好呢？我的回答很簡單，那就是活用生命媒體 MY TRAINER αx 吧！工作中或上課中或許不方便，但我奉勸大家：每天撥出若干時間使用 MY TRAINER αx 看看。腦波明顯的會成爲α波優勢波的狀態，好像深入瞑想，或虔誠的祈禱，或埋頭於自己的嗜好，或練習自律訓練法的狀態，身心都會感到很舒暢。

到目前爲止，已有不少誘導腦波成爲α波的器具出現，例如同步發光裝置（Synchronizer）、腦力激發器（PARA MEMORY）、腦波淋浴機（Brain wave shower）等。要說明這些產品，總會談到它的缺點。爲避免被誤解是在批判這些商品，在此不擬多說。要請各位瞭解的是：MY TRAINER αx 是以和這些商品完全不同的概念爲基礎，開發出來的新產品。

MY TRAINER αx 與 PARA MEMORY 類似，故特爲說明一二。PARA MEMORY 或 bio sonic 的特徵是：將頻率不同的聲音，分別送進左、右耳，使兩種頻率不同的聲音在頭腦裡交綴混合，形成鼓動聲 (beat)。這是美國蒙羅研究所的魯伯・蒙羅博士長期研究的現象。蒙羅博士認爲左、右腦被統合，就會產生 Hemi-Sync 的效果（大腦的左、右半球之腦波頻率與振幅趨於一致時，最易發揮能力）。

左、右腦受到不同頻率的刺激，確實會使腦波出現 α 波的人很多。對經常緊張或腦波的優勢波爲 β 波的人確實可以誘導腦波成爲 α 波。但腦波的優勢波常爲 α 波的人，以不同頻率的音波分別刺激左、右腦，並不會湧出更多的 α 波。PARA MEMORY 誘發的腦波會與自然的腦波形成互相抵住的現象。因爲自然界並不存在可以形成立體音響 (binauralbeat) 的刺激素，腦忽然接受這種刺激，當然不會接受。

心情緊張時，腦就不可能適正的活動。但從左、右耳傳進不同頻率的音響，就會形成共鳴，成爲 α 波的狀態。一般民俗音樂對放鬆身心的效果都很顯著，聽民俗音樂腦波會出現強勁的 α 波，但頭腦恢復原來的機能之後，就會拒絕民俗音樂的立體音響，而不易出現 α 波。MY TRAINER αx 則絕無此缺點。

★必須注意的事項

以外部的刺激，誘發腦波的α波，到目前為止已有不少提案。各種提案真的有效嗎？不得不慎重判斷。免得浪費時間與金錢。甚至引起副作用而遺憾終生。

古代人云「精誠所至，金石為開」的體驗告訴我們：只要貫徹始終，無事不成。一種器具或行為，比較其真正有效的「物理生理效果」與因相信其有效而產生的「心理生理效果」，以腦的作用機能為基礎來看，「心理生理效果」遠大於「物理生理效果」。

有些器具或行為本來並沒有甚麼效果可言，亦即物理的作用等於零或負值，因為相信其有效果，心理的正面作用會幫助你，使實行後產生效果。因為人的頭腦中已形成「自助、人助、天助」的規律作用，故不論器具或行為本身有沒有效用，既然要實行，就應相信它一定有效！

反過來說，器具或行為的物理作用明確為正面的，因質疑其效果，心理上產生負面的效果時，相乘的結果將更強化負面的效果。質疑而使用或實行，實在很危險。若不相信有效果，最好別去使用它。既然要使用它，就應以期待與希望的心情，相信它的效果。

選定物理效果為正的器具或行為，並以正面的心理來使用或實行。二者相乘，即可發揮優異的能力，常識認為不可能的現象，亦會改變。

MY TRAINER αx的效果

◆存在於自然界的刺激

MY TRAINER αx所產生的音響是純粹自然界的刺激或動搖的聲音。像未添加人工色素或防腐劑的天然食物一樣，絕對無副作用，且對保持身心的健康至爲有效。

隨著文明的發達，生活的環境用人工造作的部分佔絕大的比例，與自然越來越疏離。生活空間充滿現實的刺激，自然的刺激越來越少，影響身心的健康。爲保持健康，應在生活空間注入生命波(bio wave)的時代已來臨！

會產生「生命音響」的第一彈——MY TRAINER αx終於和各位見面了。透過MY TRAINER αx，聽聽人工的聲音（CD或Tape的音樂）看看，相信你一定會覺得：「這才是眞正的音樂」。

人工的聲音透過MY TRAINER αx後，已不是可以用頻率特性好不好？動態音域(dynamic range)廣不廣的指標來評價的聲音，而是含有另一層級的音響，是含有「氣」的音響。

「氣」究竟是甚麼？雖然尙不能以科學的方法來說明，但從現象觀察，好像從某一種動搖中發生，很快又被另一種動搖吸收進去的。分析中國氣功師練內氣功或外氣功的動作，雖然因流派不同，動作亦有差異。但在細微的地方，尤其是身體細胞層次的動搖都是同樣的。

實際測定氣功師發「氣」的腦波，都是十赫茲的α波爲優勢波的狀態，手腳活動的筋肉細胞之微動亦與十赫茲的腦波同步。

據日本德島大學工學部赤松教授的研究，人身的筋肉細胞個個都有其固有的振動，這種振動叫做微動。緊張或做粗笨的動作時，筋肉細胞的微動都是五赫茲左右的頻率。緊張得手腳戰慄或四肢神經質的動搖，其頻率亦都在五赫左右。但身心輕鬆，身體狀況良好時，筋肉細胞動搖的頻率就會提高至十赫茲左右，與腦的α波之頻率一致。

腦的神經細胞及全身的筋肉細胞之動搖或波動，在電氣性或機械性上成爲十赫茲的動搖或波動時，是最能發揮能力的狀態。在這種狀態下，記憶力、思考力、理解力、創造力都可充分的發揮。

以MY TRAINER αx聽音樂或純音，不但腦波的α波會成爲優勢波，「氣」也會充實。目前尚無可以客觀測量「氣」的方法，未能具體說明「氣」充實的狀態，但主觀來說，就像接受氣功師送進「氣」來的狀態。

◆睡覺前，醒來後，各使用十分鐘

人在睡覺時與醒著時，腦的活動狀態有很大的差別。白天醒著時，爲發揮能力而活動，晚上睡覺時則爲消除白天累積的緊張或疲勞而活動。

一般人都認爲：睡眠時腦亦在休息。事實上，睡眠時腦並未休息，仍然持續活動著。測量睡眠中的腦波，大部分均爲緩慢的δ波（0.4~4赫茲），但一夜之中會出現幾次強勁的α波。由此可知腦爲了消除緊張或疲勞，睡眠時亦激烈的活動著。

據研究睡眠的專家表示：睡眠中腦波會周期性的出現強勁的α波。腦波出現α波時，眼珠會轉動或做夢。總而言之，睡眠中腦還是活潑的活動著就是了。睡眠中腦波出現α波的周期約九〇分鐘。也就是每隔九〇分鐘，腦波就會出現強勁的α波。

實際持續測量一個人睡眠中的腦波，並非每隔約九〇分鐘就會出現強勁的α波，而是連續的出現α波（參閱第4圖①段），只是左腦與右腦的腦波有很大的差異，且至爲複雜。毫無疑問的，這是疲勞時睡眠的腦波。

睡覺之前，以MY TRAINER αx 聆聽十分鐘的生命音響，然後才上床睡覺，睡眠中的腦波就變成如第4圖②段所示。左腦與右腦的α波已趨於一致，而且眞的每隔約九〇分鐘就會出現強勁的α波。

第4圖　睡眠中腦波出現α波的狀況

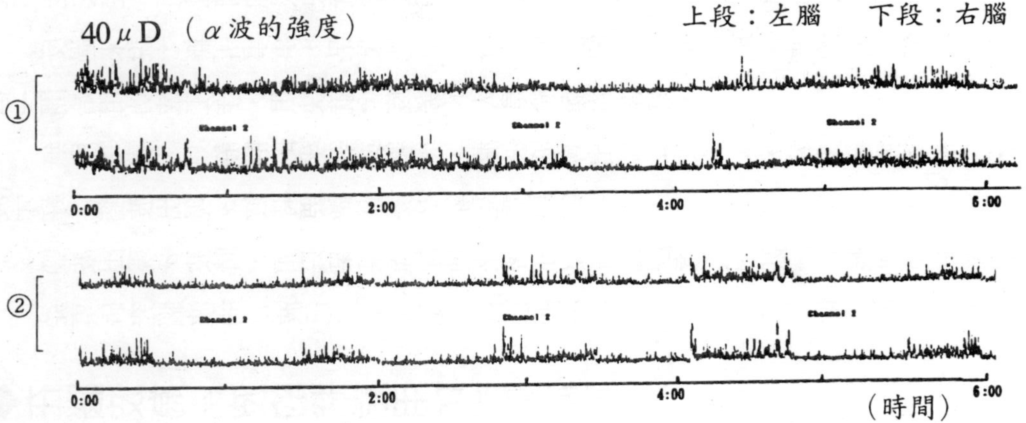

上圖①是未使用 MY TRAINER αx，一般睡眠時α波出現的狀況。
出現的α波缺乏統一性，且左、右腦的α波強度亦不一致。
②是睡覺前使用 MY TRAINER αx 聆聽生命音響後才睡眠時的腦波。
左、右腦的α波一致，且每隔約90分鐘就會出現強勁的α波。

只在睡覺之前，使用 MY TRAINER αx 聆聽生命音響，睡眠中不必使用，其效果還可以持續，這是 MY TRAINER αx 的特徵之一。

早上醒來後，如能使用十分鐘，使左、右腦的腦波趨於一致，那一天，精神一定飽滿，人際關係良好，工作、讀書都會很順利。

◆在腦波為 α 波的狀態用功或工作

從事研究腦波的 α 波已二十多年，這期間常常覺得：並不是使腦波出現 α 波就好了。腦波出現 α 波時，如只呆呆靜靜地坐著亦沒有甚麼意義。甚麼時候要使腦波出現 α 波才好？腦波出現 α 波時要做甚麼？才是重要的事。

無所事事，只靜靜的坐著或躺著，腦波亦會出現 α 波的人，看來至爲幸福、滿足。但一開始用功或工作，很快就會疲勞的人是偷懶的專家。

反過來說，無所事事，呆呆地坐著時，腦波絕不可能出現 α 波的人，無所事事心情就不能安定，而且精神很快就會疲勞的人，可以說是工作狂。這種人，當他要開始用功或工作時，腦波就會湧出 α 波。腦波出現 α 波，就會更喜歡用功或工作。用功中或工作中，腦波的 α 波爲優勢波時，易於集中，學習效率或工作效率一定可以提高，而且不易疲勞。

睡覺之前或醒來之後，使用 MY TRAINER αx 聆聽生命音響時，不要只漠然的聆聽，最好能在腦海裡想像在學校上課、練習或在工作的情景。想像時宜盡可能的想像具體的色彩或動態，如室內的狀況、人的表情等眞切的情景，並在意識中形成明朗、肯定、正面的意識。如希望、期待、挑戰精神、滿足感或感恩的心情等。

腦波湧出強勁的α波時，反復在心裡想像的，易於在潛在意識程式化，形成固定的條件。當你看到類似想像的情景，腦波依條件反射的原理，就會湧出α波，提高集中力。依反射作用，心情亦會變成明朗、肯定、正面的意識狀態。

腦波爲α波的狀態，用功或工作，學習效果良好，工作效率優異，就是這個道理。

◆克服不擅長或討厭的意識

每一個人對自己不擅長或討厭的事，都會盡量避免去碰它，結果會更討厭它。例如有些人對學習英語很不擅長，永遠學不好。這樣的人，如能使用 MY TRAINER αx 聆聽自己喜歡的音樂，或在心裡描繪美麗的夢，養成使用 MY TRAINER αx的習慣，然後透過 MY TRAINER αx 來聽英語教學錄音帶，學習效果即會提高。

因爲 MY TRAINER αx 產生的音波，含有生命波的成分，可以誘導腦波出現α波。腦波出現α波的狀態，聽英語教學錄音帶，集中力較佳，故學習效果亦會提高。而且，腦波以α波爲優勢波的狀態，聽到的英語會在腦海裡構成條件，之後一聽到英語，腦波就會反射的出現α波，而將討厭的英語變成自己最喜歡的學科。

也許有人會問：究竟有多少效果呢？我的回答是：因每一個人激勵或期待感並不一樣，所以會有些差異。若不安或質疑的心情高張，腦波就不易出現α波。在這樣的狀態下，就是花再多的時間，亦不會有效果。要使產生顯著的效果之秘訣是：使用 MY TRAINER αx 聆聽教學錄音帶時，宜盡量放慢呼吸，放鬆身心，以明朗、肯定的心情來聽。太介意去思考、拼命努力，效果反而會降低。

這種學習方法的特徵是：在無意識之中即可記住英語的節奏 (rhythm)、音調 (intonation)、重音 (accent) 等，使你可以講眞正的英語。雖然文法上並不正確，但與英美人溝通應該不會有問題了。說英語雖然有些笨拙，但腦波還是會出現α波，使心情輕鬆愉快，故不會引起對方的緊張，彼此相處一定很融洽。

◆以 MY TRAINER αx 聽討厭的人之聲音

在學校或工作場所如有不好對付或討厭的人，就會構成緊張與壓力，每天都感到不愉快。

例如聽到不好對付或討厭的人之聲音，就會起疙瘩、感到混身不舒服或恐懼，或許可以換工作或轉學到另一所學校。但新的環境還是會出現不好對付或討厭的人。所以身邊如常出現不好對付或討厭的人，最好不要想逃避，應積極的面對，趕快解決問題。

首先錄取不好對付或討厭的人講話的聲音，然後以錄放音機將其講話聲放出來，透過MY TRAINER αx來聆聽。聆聽時宜在心中想著：聽到這種聲音時不會再討厭或產生恐懼。聆聽幾次之後，實際再聽到其聲音，就不會感到討厭或恐懼了。然而，在聆聽時，若在心裡想著：這樣的聲音眞討厭，當然解決不了問題。

腦波爲α波的狀態，聆聽幾次不好對付或討厭的人之聲音，就可以從容的對付了。也就是克服了緊張或壓力。再聽到討厭的人之聲音，腦波會反射的湧出α波，故不會再感到討厭或恐懼。

只是要錄取不好對付或討厭的人之講話聲，恐怕不容易。眞的沒有辦法錄到其講話聲時，可以透過MY TRAINER αx，一方面聆聽自己喜歡的音樂，一方面在心裡想像不好對付或討厭的人之臉形或姿態，或會感到不快的環境。在這樣做的過程，腦波可能會出現α波。腦波成爲α波的狀態，心裡的想像就會在腦海形成條件。以後，當不好對付或討厭的人出現在面前，腦波亦會湧出α波，可以安然的發揮能力，不會受到不好對付或討厭的人之影響了。慢慢地，你就不會再覺得不好對付或討厭了。

腦波出現強勁的α波之狀態，意識的神經回路與潛在意識的神經回路就會統合成爲一體。意識可以接受的事，潛在意識亦樂於接受。相對的，腦波爲β波的狀態時，意識的神經回路與潛在意識的神經回路成爲各自分離的狀態，意識要接受的事，潛在意識不一定會接受，甚至會拒絕接受，而更感到不安或不快。

潛在意識不能接受的討厭的事，如使用MY TRAINER αx促使腦波湧出α波，在腦波出現α波的期間（可能很短暫）腦就會學會適應討厭的事。之後，腦再收到討厭的信號，照樣可出現α波，打開潛在意識的門扉，成爲易接受資訊的狀態。這就是眞正的精神訓練。

◆嚐試精神減肥的效果

肥胖是食量過多或運動不足的結果。食量過多或運動不足並不是肥胖的原因。據研究，已知肥胖的原因是精神的壓力或緊張。一個人每餐所以要吃過多的食物或不運動，完全是頭腦的作用，尤其是潛在意識的作用。

人出生之後，隨著年齡的增長，都會依照頭腦裡固有的標準體型與體重之程式活動，經常保持標準的體型與體重。但在成長的過程，受到精神上的壓力，頭腦裡固有的標準體型與體重之程式就會產生變化，有的會向肥胖的方向，有的會向瘦弱的方向變化。頭腦裡的標準體型與體重之固有程式向肥胖的方向修正之後，就會開始多吃、少運動，慢慢地就會肥胖起來。

有趣的是，時常與肥胖的人或瘦弱的人在一起，每天都看到肥胖的人或瘦弱的人時，頭腦裡固有的標準體型與體重之程式亦會向肥胖或瘦弱的方向修正。很多人認爲肥胖或瘦弱是遺傳使然，不易改變，所以不會有將體型與體重向優美的方向修正之念頭，以肥胖或瘦弱的體型過一輩子的人不少。事實上肥胖的體型或太瘦的體型是可以修正的。只要把頭腦中標準的體型與體重之程式修正成優美的體型與體重之程式，就可把體型修正成優美的體型。

使用MY TRAINER αx，聆聽自己喜歡的音樂或生命波音響，並在心裡想像自己成爲優美體型時的喜悅。在腦波的α波成爲優勢波的狀態，想像自己的期望——優美的體型，潛在意識接到這種信息，就會開始作用，在不知不覺之中，肥胖的人就會有減肥的效果，瘦弱的人會產生壯健的效果。這絕不是虛偽的宣傳。事實上，在短短三個月，體重減輕二十公斤的例子很多。用這種方法使體型變成自己期望的體型的人不計其數。

以潛在意識的作用改變體型的確有效，若以意識來減肥，因會給潛在意識強烈的壓力，有時會形成拒食症或過食症，短期間或許亦可看出其效果，但很快就會反彈恢復原狀，不得不注意。

第四章　以α波的狀態改變自己

（志賀一雅）

調整身體的狀態，
使手腳靈活活動，
都是大腦的作用。
性格、體質、能力與習氣
亦都是大腦作用的結果。
為實現自己所期望的自我
創造良好的程式置於大腦是關鍵所在。
本章旨在解析腦的機能構造
願你能理解腦的機能構造
思考能健康依自己想像的形態，
塑造能充分發揮能力的自我！

重新認識腦力

◆因心理狀態，腦的作用會改變

以眼睛看、以耳朵聽、以肌膚感觸，接受各種刺激時，要怎樣去感覺、怎樣去想，那是個人的自由，別人無法干涉。但因其感覺與思考的方向不同，腦的作用就會有很大的差異。腦的作用不同，一定會影響身體的狀態與行爲。

感覺與思考等活動，都是大腦前頭葉的神經回路之作用。在大腦機能局部存在說尚未充分驗證此一論點，但很多研究大腦生理的學者都支持此一說法。

一個人自出生到現在所體驗的事，用功、讀書獲得的知識，拼命練習，以身體記取的技能等，都是發揮能力必要的資訊。這些資訊都儲存於與思考活動不同的記憶中樞之神經回路。

一般認爲：構成神經回路的腦細胞約有一百四十億個，其大部分於出生三個月內即已形成。大腦只有腦細胞並不會有任何作用，必須在各個腦細胞之間形成神經回路，腦才能作用。據研究指出：有神經回路連結的腦細胞不會超過百分之三十。神經回路的形成是透過體驗、學習才慢慢形成的，不是生下來就已完備的。

人能保持健康的狀態，能冷靜的從事工作或用功，都是大腦作用的結果。人體內臟能有效作用、受傷之後能很快復原或能與病魔搏鬥等，自己並未能意識，但這亦都是因大腦神經回路發出的信號，促使各器官或人體細胞積極活動的結果。

若能使大腦的神經回路不斷湧出積極活動的能量，就能維持廢寢忘食，熱衷於意欲或智慧的狀態。這樣的狀態下，工作或用功的效果，一定很好。

還有，能早期察知危險，避開危險或採取與危險搏鬥的態勢，亦是大腦重要的作用。

人的大腦有如能處理龐大各種各樣之資訊的大電腦，只是其作用的大部分都在潛在意識處理，自己並無感覺，只有少部分是自己可能意識的。大腦這種作用模式是固定的，不可能改變的。

如能以自己的意志，操縱潛在意識處理的部分，一定更能發揮腦力。「潛在腦力的開發」之意義就在此。

靈感非常旺盛，不斷湧出創意的狀態，持續長時間活動，甚至廢寢忘食，全精神投入工作或用功，亦不會感到疲勞。這是腦力極限發揮的狀態。有時認眞的思考，卻想不出任何創意，而且很快就會覺得疲勞或精神無法集中，這也是大腦的作用使然。

大腦的作用狀況有如圖5所示。有思考效率高的狀態，亦有思考效率低的狀態。這

第5圖

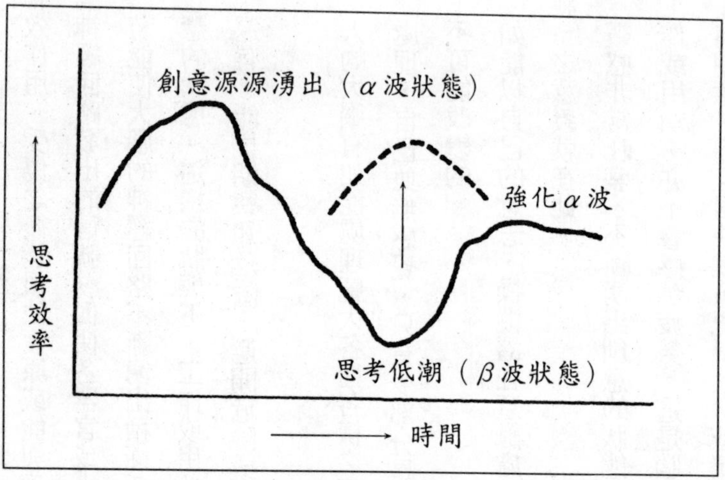

樣的狀況，有些人認爲是受生命律動(bio-rhythm)影響的結果。但生體的動搖好像魔鬼附身，無法精確的計算出其結果。

如能保持思考效率高的狀態，那該多好。但當你從事重要的工作或努力用功時，往往會陷入思考效率的低潮。參加考試或比賽或成果發表等重要的時刻，思考效率常會到達最低潮的狀態。

雖然充分的練習、準備，但正式上場時往往會緊張得無法發揮。考試結束或比賽過後，心情很快就鬆懈下來，而覺得輕鬆、愉快、腦亦冷靜下來。但已經來不及了。

從事於自己喜歡或最拿手的事，或遊山玩水時，因爲不會緊張，心情當然很愉快。

理解大腦作用的巧妙，把圖5所示，思考效率處於低潮的狀態，提高到點線所示的位置，應用各種有效的方法行動，一定可以充分發揮腦力。

結論是：腦波的α波爲優勢波時，思考效果高，腦力會向增進健康，發揮潛在能力的方向作用。隨著腦波的β波增強，很快就會形成逃避或鬥爭的體勢，筋力或許會強勁作用，但知慧活動的腦之作用會趨於停滯不前。

決定腦波的α波成爲優勢波或β波成爲優勢波的是潛在意識。怎樣才能使潛在意識選定α波爲優勢波呢？請耐心的閱讀下去，就可以瞭解了。

◆追求更滿足、更進步、更成長的大腦程式

研究「系統發生」與「個體發生」的學者，已證實生物從出現在地球上至今，在漫長的歲月都順著一定的程序而進化。

人出生之後，大腦的程式(program)就會向使肉體成長的方向作用。此一時期，食慾至爲旺盛，隨時都會想吃東西。但大腦的神經回路尚在逐漸形成而已，其作用力尚薄弱。隨著肉體的成長，精神亦會成長，於是大腦的神經回路的作用會逐漸旺盛起來，知性的好奇心會逐漸旺盛，知識慾亦會強盛起來，最後成爲具有創造性的人，或實現能產生高附加價值的人。

有些人只止於肉體的成長，有些人則追求精神的成長爲人生的目的。好不容易才出生爲萬物之靈的人，任何一個人都想創造一些東西，留傳後代。但並不是每一個人都能順利的實現自己的願望。在努力實現願望的過程，總會遭遇很多障礙。

所遭遇的障礙，有些可能阻害肉體的成長，罹患各種疾病或受傷，有些可能阻害精神的成長，如苦悶、煩惱、嫉妒等。此種障礙要因是緊張(stress)。

現在的社會，使人緊張的因素越來越多，其作用力也越來越強。每一個人都無法避免緊張的襲擊。緊張時，腦力如能發揮應有的能量，多少可以抵住緊張，免於形成疾病或受傷，精神的成長亦可免於受阻害。

人的腦力恆常向著進步、成長的方向，安定作用。只是其作用力有其極限。太過緊張，超過腦力所能抗衡的範圍，就會損害肉體的成長，成爲心身症或損害精神的成長，形成神經病。

心身症或神經病的人，無法期待創造性的成長，必須先恢復能發揮腦力的恆常性，才能期待創造性的成長。人必須自我控制腦力，消除緊張的理由就在此，MY TRAINER αx所以有意義亦在此。

第6圖

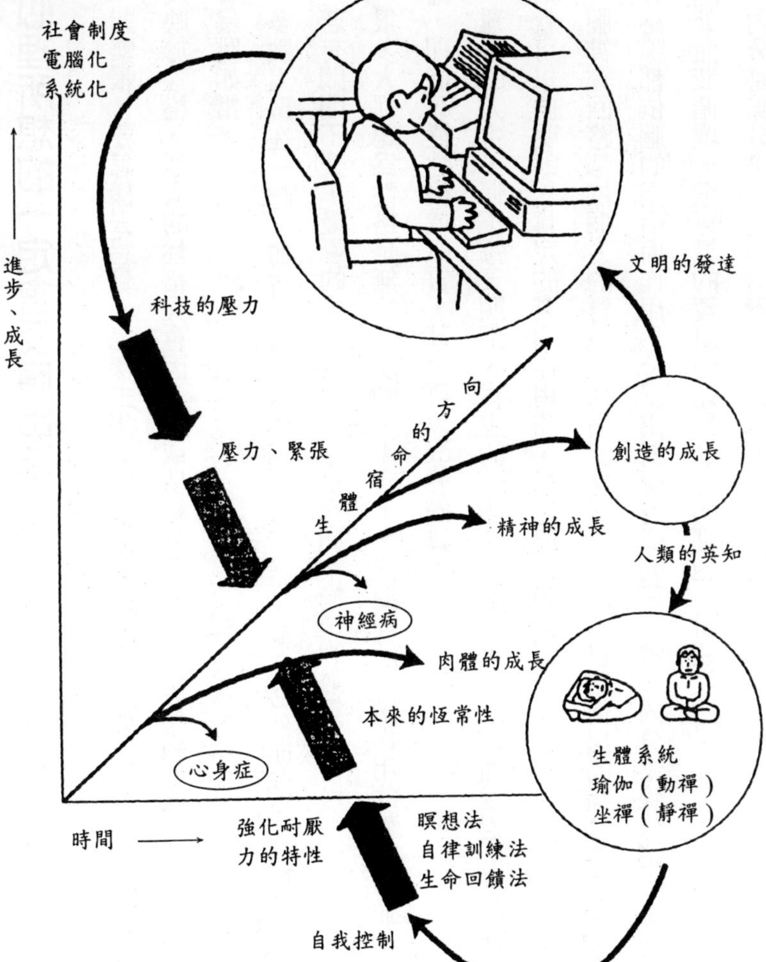
社會制度
電腦化
系統化
進步、成長
科技的壓力
壓力、緊張
生體宿命的方向
文明的發達
創造的成長
精神的成長
人類的英知
神經病
肉體的成長
本來的恆常性
心身症
生體系統
瑜伽（動禪）
坐禪（靜禪）
時間
強化耐壓力的特性
瞑想法
自律訓練法
生命回饋法
自我控制

◆心裡所想的一定會反應出來

對緊張，要怎樣去感覺，怎樣去想，因個人的體驗不同而有很大的差異。但結果都會反映於性格。而人的性格又會因心情或情緒而改變。一個和靄可親的人，心情不好時亦會暴跳如雷。

多數人聚在一起，如有爽朗、肯定想法的人時，氣氛必然明朗，充滿活力。相反的，若有悶悶不樂，憂鬱的人的場合，一定充滿不愉快的氣氛。

很多人都認爲性格是無法改變的，事實上，只要理解大腦作用的架構，並稍作心理準備，即能改變性格或氣質，甚至可以改變體質。

難得的人生，何不每天明朗、肯定的、愉快的過日子呢？前面說過，腦的作用架構本來就可以向明朗、肯定的方向作用的，爲何要自尋煩惱呢？

腦神經回路都依個人的意識而作用。意識不同時，自腦傳出的指令亦不同。人體的內分泌腺都依腦的指令而作用，分泌出對應意識的荷爾蒙。內分泌腺分泌出來的荷爾蒙會隨著血液循環，把意識的資訊傳達到全身的細胞，引起反應。

內分泌腺分泌出來的荷爾蒙有很多種，有可使身體與精神放輕鬆的荷爾蒙，也有可能促使精神緊張的荷爾蒙。心裡悲傷時，內分泌腺依大腦的指令，會分泌出促使悲傷的荷爾蒙，這時男兒雖有淚不輕彈，但眼淚還是會涔涔而出。心裡感到高興，內分泌腺會依大腦的指令，分泌出促使身體細胞與精神興奮的荷爾蒙，此時在無意識之中自然會手舞足蹈或大聲呼喊。

內分泌腺分泌的是那一種荷爾蒙，可以決定可放鬆身心、充分發揮能力或逐漸緊張而無法發揮能力。而內分泌腺要分泌那一種荷爾蒙則完全由腦的作用所決定。

◆期待感與挑戰精神高昂即可發揮最高能力

俗語說：人逢喜事，精神爽。只要在心裡想著：今天可能有好事或高興的事，自然會感到喜不自禁。意識這一次的比賽可能打敗強敵，獲得優勝，或這一次考試的成績一定可名列前茅，或任何困難都可以克服等，大腦就會指令內分泌腺分泌出可以發揮能力的荷爾蒙。

受到這種荷爾蒙的刺激，腦神經細胞很快就會活化，頭腦會冷靜下來，源源湧出優異的創意。主司視覺、聽覺、嗅覺、味覺、觸覺等五感的細胞亦會活化，所看到的一切絕不會忽略，所聽到的亦不會置若罔聞，可以正確的捉住所有的資訊。

筋肉細胞亦會活化，因此，可以柔軟的行動。就是不小心摔倒或被絆倒，身體動作極爲靈活，不容易受傷。

血液中的白血球、ＮＫ細胞亦會活化，而不易感冒。就是受到風寒，也很快就會好起來。勉強工作、用功也不會覺得疲勞。

早上醒來之後，如能在心裡想著：「今天可能有甚麼好事喔！」腦波就會湧出強勁的α波，腦就會指令內分泌腺分泌出可以發揮能力的荷爾蒙。如果早晨醒來，想著：「多睡一會兒該多好！」腦就會指令內分泌腺分泌出無法發揮能力的荷爾蒙。

整天無精打采，提不起幹勁的人，差不多都是早上醒來時有著：「多睡一會兒該多好！」的意識之人。

早上醒來舒爽愉快，精神煥發的人，對行動的期待感都較強。期待感或挑戰精神旺盛的人，一定可以發揮最大的能力。

◆滿足或感恩的心情可以消除疲勞

有些人，無論做甚麼事，不到五分鐘就會覺得疲勞；有些人則徹夜未眠，仍然精神百倍。爲甚麼會有如此大的差異呢？答案很簡單，端看腦幹的神經核（Ａ10神經）是否分泌出叫做 dopamine 的神經荷爾蒙而定。腦幹的神經核分泌出 dopamine 時，心筋收縮能力會增強，持續做激烈的活動亦不會覺得疲勞。

A10神經與大腦皮質的滿足神經回路及感恩的神經回路連接在一起，所以感到滿足或有感恩的心情時，A10神經就會反射的分泌出 dopamine。這時無論做怎麼激烈的活動，亦不會覺得疲勞。必須一提的是：這時的腦波一定是α波爲優勢波的狀態，故能集中精神從事活動。

參加比賽獲得優勝或參加考試及格，取得某種資格，從心裡湧出感恩的心情時，全身的細胞會活化，持續活動亦不會覺得疲勞。

容易疲勞的人，實際上並不是因爲活動而疲勞，是心裡充滿不安或不滿，缺乏滿足或感恩的心情，才會容易疲勞。

無所事事，只躺在床上睡覺亦會疲勞。不活動，怎麼會疲勞呢？因爲不活動，腦幹的神經核就沒有分泌出 dopamine 的機會，當然會疲勞囉！

整天快樂的活動而感到滿足的人，因腦幹的神經核會分泌出很多 dopamine，故累積的疲勞亦會消除，恢復幹勁。

第7圖

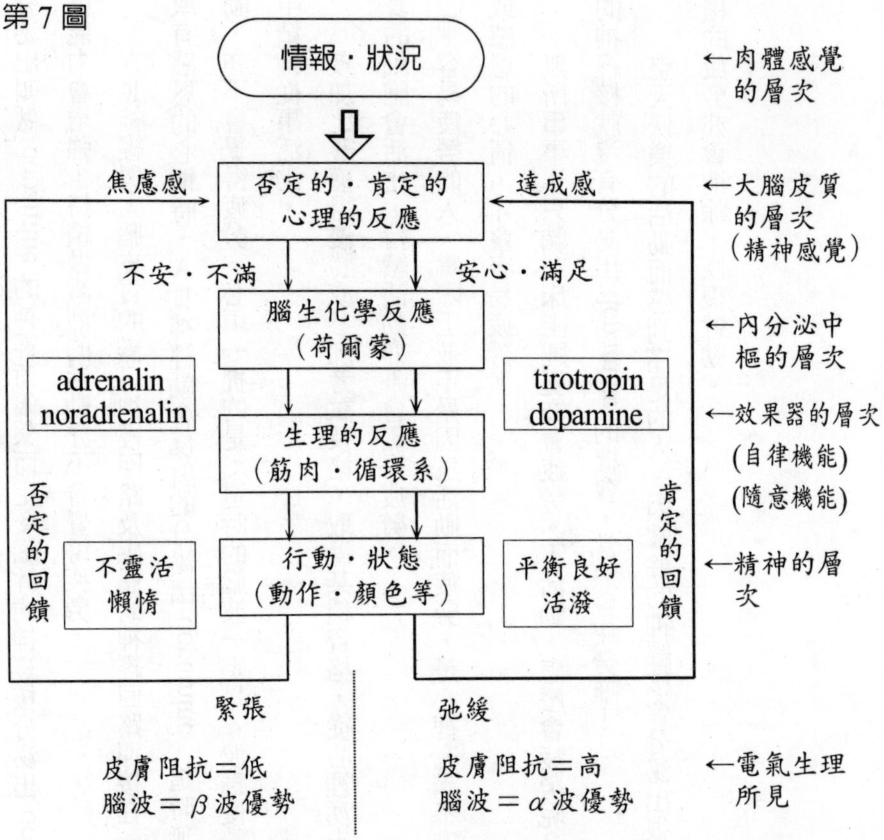

◇脫離苦惱，想像喜悅而奮鬥。但，太過悲壯有時不會順利。「苦中作樂」是良好的方法。

◇經常以肯定的心情用功或工作。當然很好，但如能將否定的心情轉變為肯定的心情，更能發揮能力。

◆不安或不滿的心情會抑制能力

有不安或不滿的意識時，不安或不滿的神經回路即旺盛作用，促使交感神經的作用高昂，並自副腎上腺分泌出促使心情不安的傳遞物質adrenalin或noradrenalin。

這種促使心情不安的傳遞物質混在血液中，被送到全身，影響全身的細胞，結果會使逃避或攻擊必要的細胞之作用旺盛起來，其他身體細胞卻會停止活動。即腳或手腕的筋肉、下顎的筋肉、骨骼的筋之細胞會活化起來，其他的身體細胞會停止活動。其他的身體細胞停止活動，頭腦的作用就會鈍化，皮膚細胞會疼痛，血液的ＮＫ細胞或內臟細胞的作用亦會趨於鈍化，成爲有病的狀態。

這是對危險的非常態勢，是不得不的現象。但經常抱著不安或不滿，未能放鬆心情，可能就會成爲眞正的疾病。腦波就不易出現α波，使得「氣」無法集中，不能集中精神活動，想做的事或想完成的工作絕不可能預期實現，更助長不安或不滿，形成惡性循環，形成無法發揮能力的狀態。

現代的人大多數都陷於這種狀態而無法發揮能力。雖然每一個人都極力掙扎，想脫離這種狀態，但始終不得要領，終成爲心身症或神經病，過著痛苦的日子。

心情不安或不滿，確實會抑制能力，願你能時常覺得滿足、安心！

◆「疑」會形成強力的煞車

對任何事，能明朗、肯定的去想，雖然沒有成功的保證，但遭遇失敗時，頭腦絕不會紊亂，可以冷靜的思考，採取適切的善後對策，把受害的程度減至最低。

如果以否定的、晦暗的心情面對，頭腦的作用遲鈍，身體也不靈活，本來可以成功的亦會成爲失敗的結果，而且無法採取適切的善後對策，使失敗擴大，損害增多，結果變得一團糟。

俗語說：「用則不疑，疑則不用」。眞是一語道出了用人或使用器具的最高原則。心中存疑或羞恥或只向後看，腦下垂體就會分泌出具「稍等一等」之作用的荷爾蒙。這種荷爾蒙會抑制成長荷爾蒙及其他荷爾蒙的作用力，是具緊急煞車效果的物質。

腦下垂體分泌出具抑制其他荷爾蒙的作用之荷爾蒙時，好不容易才分泌出的肯定的荷爾蒙之作用就會被抑制，對累積體驗可以增長知識就會產生懷疑的心情。一有懷疑的心情，頭腦易於胡思亂想，不能冷靜思考，體能亦不能充分發揮，而更加心理的疑慮。

腦的構造是：「只要相信，就可以得救！」的。既然要用，最好是相信它！

第8圖

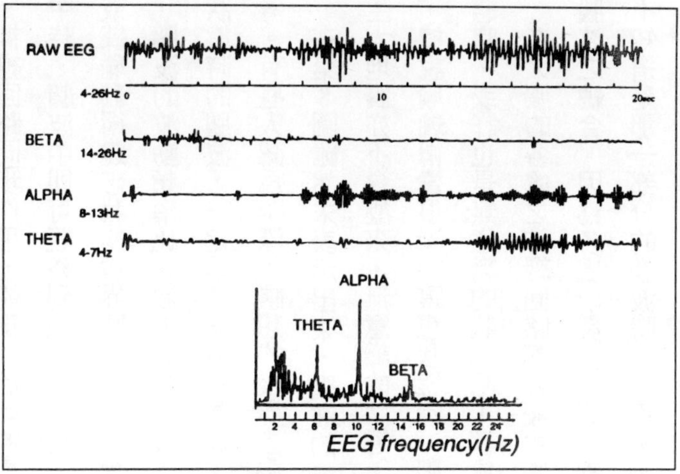

◆腦的作用可以自腦波看出來

人的頭腦之作用亦和電腦一樣，是電氣性的作用。只是電流與電壓極微而已。故其作用的狀況亦可以用腦波來看出其狀態。

第8圖是以電腦分析腦波的一例。這是一位二十一歲健康的女性在聽自己喜歡的音樂，身心極爲放鬆的狀態時的腦波。最上面是原形腦波，看來有著複雜的變化，不易瞭解，但把它分爲三個頻率來看（下面的圖）就易於瞭解了。

波動頻率較高的β波（14~26HZ），其振動數一秒鐘在十四次以上，看來缺少律動性。在這種狀態時，腦的活動相當複雜。緊張、苦悶、煩惱、焦慮、不安、不滿時，腦波中以β波爲優勢波，很少α波的成分。

波動頻率比β波低的是α波（7~14HZ）。α波的波動，看來很有規律，富於律動性，神經回路同步作用，能集中活動的樣子。心情輕鬆，無憂無慮，沒有緊張，意識能集中時，腦波中即可觀察到強勁的α波。充分發揮能力時都是α波爲優勢波的時候。坐禪或練瑜珈術達忘我的境界時，腦波亦會出現強勁的α波。

腦波的波動頻率比α波低的是θ波（4~7HZ）。一個人的意識逐漸下降，即將成爲睡眠狀態時的腦波，一定是θ波爲優勢波。這時身心雖然極爲輕鬆，但意識相當低，無法思考。有些人認爲；深入瞑想的境界，腦波會出現強勁的θ波，但尙待科學的證實。

在第8圖雖然未表示出來，腦波的波動頻率比θ波低的是δ波（0.4~4HZ）。熟睡得發生大地震亦不會醒來，無意識的狀態，腦波的δ波一定是優勢波。

據說瑜珈術達很深的瞑想狀態時，腦波會出現強勁的δ波。練瑜珈術達深度的瞑想狀態時，或許也是無意識的狀態吧！練氣功時腦波亦可以觀察到θ波或δ波。

在大腦的各處之神經回路都會發生腦波，實際測定的腦波是各處的神經回路所發生的腦波之總合。因爲各處所發生的腦波都有不同的意義。只知道腦波的α波爲優勢波，但不知道是那一部分的腦波時，亦不易判斷其精神狀態。本書如無特別說明，均以測定左腦前頭葉部分的腦波爲主，謹附帶說明。

聲音誘導出的α波之世界

◆頭腦對聲音的反應

聲音是用耳朵聽的。人的聽覺可能聽到的聲音之波動頻率有一定的範圍。也就是一秒鐘波動次數在二十以上，二萬次以下的聲音才聽得到，每秒波動數次二十以下或二萬次以上的聲音，聽覺根本就聽不到。

所以唱片或CD均將二萬赫茲（HZ）以上的聲音去除掉。這樣的想法是合理的，既然聽不到，何必把它留在CD片中呢？但音樂家或音樂狂熱者卻不喜歡，甚至討厭CD的音樂。這些人認爲：市售的CD之音樂，根本就不是完整的音樂。

經各種試驗的結果，二萬赫茲以上的聲音雖然聽不到，但在CD上加上二萬赫茲的聲音，再生的音樂，確會使腦波發生變化。可能是身體細胞會感知二萬赫茲以上的音波，傳送至大腦，引起腦波的變化吧！具二萬赫茲以上的音波才能滿足音樂狂熱者的需要，亦就在此。

自然界本來就存在著耳朵聽不到的聲音（波動）或「氣」。以人工強制去除這些波動或「氣」，就會產生微妙的差異，腦就會拒絕這種有差異的波動或「氣」。

我們聽到透過麥克風的聲音，絕不可能產生聽實際演奏的聲音的感動。無論驅使任何高科技的裝置，都無法與實際演奏的音樂比喻，因爲腦不會滿足之故也。

◆人的頭腦之作用

研究大腦生理學的人，認爲腦可以分成左右兩個半球。以聲音來說，左腦可處理語言，右腦處理韻律（音樂）。但實際上並沒有那麼單純。據日本東京醫科齒科大學的角田忠信與菊池吉晃深入研究，人的腦中好像有著一個開關，可以因聲音的種類，分由左腦或右腦來處理。也許是日本人特有的現象吧！（角田忠信著：「腦感知器」丸善出版）

以PET (positiron emission tomgraphy) 或聽覺誘發電位法或角田法檢查東洋人的腦，發現小提琴或橫笛 (flute) 等西洋樂器演奏的音樂是以右腦來聽的，琴或簫之東洋樂器演奏的音樂是以左腦來聽的。也就是說，東洋人以左腦聽取西洋人以右腦聽的自然界之聲音或不協和音。東洋人，尤其是日本人對自然觀與歐美人不一樣，可能是起因於腦中有一開關吧！

機械音的純音，不論東洋人或西洋人，以一〇〇赫茲爲界，比一〇〇赫茲低的頻率之聲音均以右腦來聽，比一〇〇赫茲高的頻率之聲音是左腦的作用。有趣的是發現了：人的頭腦之作用以誕生的日子爲界，滿年齡的整數倍，頻率會左右逆轉。眞是奇妙！

◆音的相位差

雖然對腦內開關存在的意義尚未明瞭，但已知其作用與地球的公轉或月亮的盈虧是同步的。古代的人所以能敏感的感知與宇宙成爲一體的自然現象，並有某種預知的能力，很可能與腦中的開關之存在有關。

在文明恩惠中過日子的現代人，好像並不覺得自己的頭腦有著優異的感受性，只矇矇混混的過日子。那是多麼可嘆啊！

各種聲音由空氣傳來，引起耳朵鼓膜之振動，刺激聽覺神經細胞，傳達到腦，並由腦內的開關選別，分別傳達到左右腦。左右耳朵鼓膜之振動，在時間上會有微妙的差異，故聲音信號也會產生一些差異。此差異就是位相差。腦會敏感的捉住位相差，辨識音源的方向。

如果能利用此一現象，非立體音響(monaural)就會變成立體音響(stereo)；也可將管弦樂團演奏時的小提琴之聲音特別分出來，並從右腦轉送到左腦。

最近已有此音響機器加上位相調整機能的，使用這種音響機器，調整位相，在家裡聆聽音樂，也可獲得如在音樂廳聆聽實際演奏的效果（感動），也可像教堂一樣，將音響的反響擴大，成爲聽的人喜歡聽的音響。

聲音的位相以腦波的頻率變調，就會誘發強勁的 α 波。這就是前章所述 MY TRAINER αx 的原理。

◆音樂的作用效果

有不少人以爲靜靜地聆聽音樂，心情就會鎮靜，成爲輕鬆的狀態。當然依所聽的音樂會有很大的差異。或許音樂可以誘發腦波的 α 波吧！

音樂眞的能誘發腦波的 α 波嗎？聽甚麼樣的音樂才易使腦波的 α 波成爲優勢波的狀態呢？

我們曾做了很多的實驗，由於個人的差異頗大，並未獲致明快的結論。某一個人聽了之後，腦波會出現 α 波的音樂，另一個人聽了之後，全然看不到腦波出現 α 波。可能是音樂對心理的影響，與聽的人之過去的體驗有著密切的關係吧！初次聆聽的音樂，受聽的人之成見的影響頗大，是可以確定的。

因此，可以斷定音樂對腦波的影響，有下列三種作用效果重疊著。

第一種作用效果是條件反射反應。聽到懷念的老歌、故鄉的民謠或小時候常聽的搖籃曲時，過去的體驗就會在不知不覺之中甦醒。自己珍貴的體驗，自己才能感受，絕不是任何人都能感受的。

感動或滿足感越強，反應就越強，就會促使腦波的α波成爲優勢波。故懷念的老歌、故鄉的民謠或小時候常聽的搖籃曲，可以說是：自己心靈的財產。只要閒來無事，哼出這些旋律，心情就會感到愉快，湧出幹勁，身體狀態亦會改善。

第二種作用效果是「僞藥效果」(placebo)。在未聽音樂之前，先聽權威者或指導者說明其音樂的效果，然後聆聽其音樂。因受權威者或指導者說明的影響，聽了之後，腦波亦會出現α波。因爲相信有效果，身心就會有所反應。

有些藥物實際上並沒有治療效果，但聽醫師說：「這藥對你的病很有效喔！」於是你相信醫師的話，服用之後眞的就會產生療效。

美國心理學者史帝文·哈爾邦製作了一套可以誘導腦波出現α波的音樂帶。這種音樂帶在日本亦有不少人著迷，知道有這種音樂帶的當然不少。我到美國去時，順便買了一套回來，讓很多人來聽，並測定其腦波的變化，卻看不出有一個人的腦波出現α波，眞是遺憾！

不過，對另外一群人先說明這是可以誘發α波成為優勢波的音樂，然後才讓他們聆聽，大多數的人之腦波明顯的會出現α波。因爲聽音樂的人相信這種音樂會誘導腦波出現α波之故吧！這不正是典型的「僞藥效果」嗎？

第三種作用效果是絕對的作用效果。將音樂視爲音的高低、強弱、快慢（速度）等物理的刺激要素，調查其物理變動（波的動搖）之規則性，發現波的動搖可分爲：可以使心地產生良好印象的「波之動搖」與會給心理感覺危險或不舒服的「波之動搖」兩種。

聽具有可以使心地產生良好印象的「波之動搖」的音樂，腦波的α波明顯的會成爲優勢波，聽具會給心理感覺危險或不舒服之「波之動搖」之音樂，腦波的β波就會成爲優勢波，而更加煩惱、苦悶、焦慮、不安。

音樂的作用效果既然如上所述，故要放鬆身心，提高集中力，就得選擇具可以使心地產生良好印象的「波之動搖」的音樂，才能發揮效果。

◆α（阿爾發）音樂

聆聽莫札爾特或十六世紀末至十八世紀初期在歐洲流行的協奏曲等音樂，腦波之α

波會成爲優勢波的人確實不少。

以物理的方法分析這些音樂的音波，發現確含有能給生體良好印象的「波之動搖」成分。其音的能量之分布與動搖的頻率成反比的規則變動。此種變動，在專業上以1／f表示。

乖離1／f動搖的音，乖離越大，聽起來越會感覺不愉快。古今東西被稱爲「名曲」的音樂，其音波都爲1／f動搖。喧鬧激動不適於靜靜地聆聽之音樂，其音波都離1／f動搖很遠。

但是，有些人聆聽莫札爾特或巴羅克(baroque)音樂，腦波亦不會出現α波者，高中生等年青人，這種傾向尤爲顯著。老年人聽著會使腦波的β波成爲優勢波的，音律尖銳的大眾音樂(rock music)或舞蹈音樂(disco music)，年青人聽了之後，反而會誘導腦波的α波成爲優勢波。

由此看來，條件反射的反應比音樂的絕對效果，對腦波的作用可能更大。以年青人來說，靜靜地聽巴羅克音樂，還不如約幾個意氣相投的朋友，在一起玩鬧來得快樂。

理解上述音樂的各種效果，高明的活用音樂，確可使腦波中的α波成爲優勢波。很多企業爲了提高生產線的生產力，在工廠播放BGM(Background Music)。各工程只是單純的作業之輸送帶載動作業物的生產型態，一方面聽音樂，一方面工作，確實可以提高工作效率。

因爲作業人員的腦波之α波成爲優勢波的狀態，會覺得自己的工作很有意義，品質亦會提高，各方面都會有好的結果。這是音樂的功效。

然而，有些企業的負責人卻常常訴苦說：BGM的效果已不能期待。這是單純的作業之不快感與播放的音樂互相成爲限制條件，使得聽到該音樂就會產生不快感，而逐漸討厭那種音樂吧！

在工作時被強迫聽那種音樂，當然會越聽越覺得不舒服。結果是生產效率下降，產品的品質亦受到很大的影響。要避免這種弊害，就要選播確實可誘導腦波的α波成爲優勢波效果的音樂，並重視「僞藥效果」，事先說明清楚此種音樂的功效，然後再播放。當然亦要經常改變播放音樂的曲目，避免產生互爲限制條件，形成負面影響。

聆聽已聽過的音樂，很容易構成互爲限制的條件，在選播歌曲時宜特別注意。準備沒有人聽過的樂曲，並事先說明樂曲的好處，聽了樂曲之後，所有的人之腦波的α波都會成爲優勢波。

曾依賴電子音樂合成音樂作曲家助川敏彌氏，充分考慮1／f動搖，譜出老年人及年青人聽了之後，都會產生良好印象的「波之動搖」的樂曲。事先說明作曲的意圖及聽了此樂曲之後，腦波可能的變化。然後，播放給大家聽。發現大部分人的腦波之α波很快就成爲優勢波，而獲得絕大的好評。

音樂這東西如果好好的利用，對消除身心的壓力與緊張，或發揮能力都會有很大的助益。

◆自然界的α波節奏

離開都市的吵雜，到深山或海濱，眺望大自然的美景，心情一定會鎮靜、舒暢。

風平浪靜的日子，站在海邊看一波波向陸地而來的浪潮，就會心曠神怡；聽到小鳥的鳴叫或小溪的水流聲，或仰望滿天的星辰閃爍，一定會揚溢出生存的喜悅。

因未實際測定其腦波，故不敢斷言。但從身心的狀態推測，這個時候的腦波一定是中速α波爲優勢波的狀態。

自然界充滿著各種動搖，其中有可以使心地產生良好印象的動搖，亦有會使身心感到不安或不愉快的動搖。風平浪靜的日子之海浪聲或小溪的水流聲、微風與星辰的閃爍，是可以使心地產生良好印象的動搖之典型。驟雨、瀑布的沖擊聲、颱風夜的風聲或浪潮聲，由於太喧鬧而會使人感到不快，甚至感到恐怖。

調查自然界的各種動搖，發現其動搖是依循一定的規則而動搖的。其中亦含有1／

f動搖的，而且都是以α波頻率的變動爲中心的動搖。

其動搖的頻率越接近1／f動搖的，越能使人感到愉快、舒暢。離1／f動搖的頻率越遠的動搖，越會使人感到不安或恐怖。

腦波的頻率與振幅，α波時正與1／f動搖的頻率與振幅一致。β波則遠離1／f動搖的頻率或振幅。可能是生物在長期間的進化中，養成了感知各種動搖與1／f動搖的頻率或振幅遠離多少程度的能力，成爲判斷安全或危險的指標吧！

生物具有適應安全的α波頻率爲中心的1／f動搖之本能。腦波的頻率與1／f動搖的頻率同步，並與自然界的動搖形成共鳴，腦波的α波就會成爲優勢波。若面臨危險，即可由遠離1／f動搖的信號判斷出來。這時的腦波亦會與其頻率同步，使β波成爲優勢波。爲了避開危險，腦波就會向接近1／f動搖的頻率之方向變動。

地球上的生物，在長久的歲月當中所以不致於滅絕，可能是具有感知自然界的各種動搖之能力吧！自然界存在很多可以使心地產生良好印象的動搖。時常接近自然界的這種動搖，使腦波的α波成爲優勢波是人生很重要的事。

然而，近代很多工作環境，尤其是與高科技系統有關的工作環境，並不存在1／f動搖。對生物來說，這是很不理想的環境。科技確給人們帶來很多的方便，但也形成了很大的壓力。此種壓力已成爲重大的社會問題。

在科技形成的壓力下，宜盡可能的抽出一些時間，與大自然接觸，接受1／f動搖的刺激。使腦波的α波成爲優勢波，即可成爲可以發揮各種能力的狀態。人，究竟也是大自然的一部分呀！

每天都忙於工作的現代人，未能抽出時間投入大自然懷抱的人，MY TRAINER αx就是你的福音！使用 MY TRAINER αx 來聽音樂，音樂中含有的1／f動搖與 MY TRAINER αx 變調的α波動搖就會形成相乘的效果，刺激頭腦。只是不以期待感或滿足感來聽時，效果會降低。若以焦慮、不安的心情來聽，則會產生反效果，不得不注意。

驚人的α波狀態之威力

◆優異的演出與漂亮的演出之世界

腦波的專家未確實驗證之前，即主觀的判斷：腦波為α波的狀態時，心情輕鬆愉快，而且只有在靜靜地進入瞑想的狀態時，腦波才會出現α波。運動時或有心事時，腦波可能都是以β波為優勢波。

這種說詞實在使人難於信服。據我的實驗，從事複雜的思考或激烈運動，如能集中，腦波也會湧出強勁的α波。而且，α波為優勢波時，動作的平衡特別良好，其動作看起來也很優異。

看優美動作的人之腦波會受表演的人之影響，α波也會成為優勢波。雖然不便一一測定從事各種運動的選手之腦波，但精於有氧運動或瑜珈術的人之腦波是易於測定的。我們曾測定有氧運動的指導老師，自己跳有氧舞蹈，優異演出時的腦波，發現都是中速α波的狀態。

慢跑中亦會出現心地愉快的狀態。本來慢跑並不輕鬆，但慢慢的跑著，有時會忽然感到身心輕鬆愉快。測定其腦波，亦可觀察到強勁的α波。α波狀態下，腦都集中於跑步，而抑制了不快感、不安感或辛苦感吧！腦波爲α波的狀態，可以有規律的、平衡的慢跑，效率良好，亦不會覺得疲勞。

受邀擔任大發工業株式會社女子陸上運動隊的精神訓練教練時，曾利用此一事實，強化選手們的α波之訓練，及由印象形成α波的條件之訓練，獲得良好的效果。使小鴨由水選手在日本大阪舉行的國際馬拉松比賽，以二小時二十六分二十六秒的成績，獲得冠軍，同時締造了日本的新記錄。翌年，淺利純子選手在巴塞羅那的奧運會中獲得金牌。

據她們說，在四萬二千多公里的長距離賽跑中，並沒有感到辛苦或疲勞。在比賽中，當然不便測定其腦波，假如能在競賽中，測定其腦波，我想一定是α波爲優勢波吧！

練習有氧運動亦一樣。實際測定練習有氧運動的人之腦波，身體的動作雖然一樣，但心情集中練習的人是α波爲優勢波，未能集中精神練習的人之腦波則以β波爲優勢波。一個人在動作時，雜訊很強，要測定其腦波並不容易。但以電腦把其腦波分析，在雜訊之中仍然可以觀察出有著強勁的α波或β波。同一個人，身體狀況不好，感到疲勞時是看不出有α波的，都是雜訊的信號。

參加奧運空氣槍射擊的候補選手北城博志亦是將α波評價很高的人。瞄準目標，腦波出現強勁的α波，感到很安定時，扣下扳機，都會命中目標。腦波未出現α波時，扣下扳機，都不可能命中目標。成績好的選手，腦波很容易就會出現α波，但成績不好的選手要使腦波出現α波，並沒那麼容易。所以指導後輩時，都會要求先練習瞑想，使腦波可以隨時湧出α波。據說，瞑想的效果至爲良好。曾擔任蒙特婁奧運教練的塚田三磨亦持同樣的見解。

要優異的演出或漂亮的演出，使腦波的α波成爲優勢波是最大的關鍵！

◆中速α波是形成靈感的關鍵

仔細的觀察腦波，同爲α波，但性質卻有些不同。例如在黑暗中凝視蠟燭的火燄時，可以測出有著強勁的α波。只是其波動頻率偏於12~14HZ。因爲波動頻率較快，故稱之謂：快速α波。意識雖然集中，但筋肉有些緊張時的腦波都是這種快速α波。

身心輕鬆、但癡癡地很想睡覺的α波，因其波動頻率較緩慢，約在8~9HZ之間，故稱爲慢速α波。腦波爲慢速α波時，腦會向休息的方向集中，很容易就進入睡眠的狀態。意識能力會下降，很可能就變成睡眠腦波的θ波。

腦波爲快速α波或慢速α波時，看來並不適於思考活動，亦不可能出現有創意的靈感。腦波爲快速α波與慢速α波中間之9~12HZ時，身心都會很輕鬆，意識亦會很集中，適於發揮各種能力。因爲其波動頻率介在快速α波與慢速α波之間，故稱爲中速α波。

分析超能力者發揮超能力時的腦波，可觀察到都是中速α波。例如記憶力超群的友寄英哲氏在回想一連串數字的圓周率時，或日本將棋永世棋聖米長邦雄在回想對奕的棋譜時，或空氣槍射擊名手北城博志，持著槍，擺好姿勢即將扣扳機時，測定其腦波，都是中速α波的狀態。可以說是典型的例子。

一般人的腦波也常常會出現中速α波，只是當你想要做甚麼事的瞬間，難得出現的中速α波很快就會消失，成爲快速α波或β波，使得無法發揮能力。中速α波是否能充分發揮能力的關鍵。

一般來說，能肯定去思考的人，腦波較容易湧出α波。無特殊的能力，但時常能集中意識工作的人，或有特別的嗜好，從事其嗜好的活動時，腦波就會湧出中速α波。熱中於茶道、花道、書法的人，或學生時代熱中於劍道者、祈禱師或占卜師，嗜音樂或繪畫如命，並實際演奏或繪畫的人，雖然領域不同，但其作業都是不能緊張，且必須集中精神的作業。所以易在不知不覺之中養成腦波易湧出中速α波的狀態吧！

相對的，評論家或自我意識強烈的人，腦波都不易出現α波。評論家或自我意識強烈的人，易爲周遭所發生的狀況所吸引，心情不安定，所以不易出現α波。但熟悉自己的立場之後，腦波亦會出現α波，對事物的想法亦會趨於肯定。

我曾接受某雜誌社的委託，找正在第一線活躍的藝人、運動選手與有識者面談，並測定其腦波。因此，找到表示「把生命一下子燃燒殆盡，不如像埋在灰中的炭火能持久燃燒的人生來得有意義」的武田鐵矢、「學生時代是一個不起眼、不被同學關注的角色，但拿起吉他就可自由表現自我」的音樂家渡邊香津美、「處於低潮時即徹底的絕食、不眠不休，把自己置於死地」的作曲家三枝成章、「決定目標之後，絕不打折」頑固得使人不敢相信的歌手秋本奈緒美、「把緊張與壓力累積到極限，導出利害無比的力量」之廣播作家景山民夫、成爲社會焦點的棒球選手落合博滿等，在各領域活躍的人物面談，並測定其腦波。

測定腦波的結果，徵得當事人的同意，曾連載刊於「腦力開發研究」。總而言之，與他們面談時的話題爲日常的茶、飯等類的話題時，腦波很少出現α波。但談起他們專長的話題時，腦波忽然之間即會出現強勁的α波，顯得精神百倍。可能是可以主張自己的觀點，暢談自己的感觸吧！

由此看來，是否能產生有創意的靈感，端看腦波的α波是否爲優勢波。

◆顯在意識與潛在意識的統合

α波爲優勢波的狀態，意識（顯在意識）的神經回路與潛在意識的神經回路，就會成爲一體而活動。意識的神經回路分布在左腦的前方之一小部分。如以大腦的容積來看，只佔3—6%的領域作用而已，也就是說：大腦有94—97%的領域之活動是無法意識的，都是潛在意識在作用。

以漂浮於大海中的冰山來比喻，浮在水面的部分爲顯在意識作用的部分，沈在水面下的大部分便是潛在意識作用的部分。意識與潛在意識之間，好像有著一層堅韌的隔墻，阻隔彼此資訊之交流，使得意識與潛在意識只有在各自的活動領域獨自作用，不容跨雷池半步。

只想以意識堅持擴大時，浮出水面的冰山會再往下沉，使意識的領域更加縮小。只有潛在意識向著目標動作時，冰山才會向上浮起，使意識的領域擴大。

在意識與潛在意識之間，好像有一扇控制資訊出入的門扉。腦波的α波爲優勢波時，這一扇門扉就會打開，β波爲優勢波時，這一扇門扉就會牢牢的關閉。

觀察超能力者發揮超能力的狀態，中速α波爲優勢波時，在意識與潛在意識中間的門扉暢開，意識與潛在意識就會統合，發揮優異的能力。因爲自潛在意識會湧出創意或

第9圖

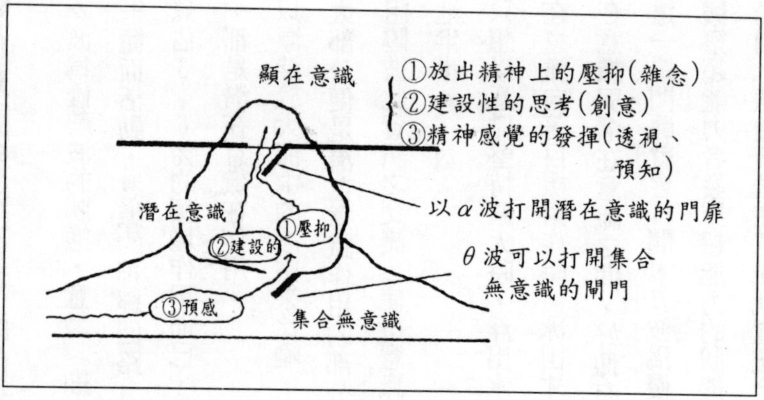

靈感。

有些人拼命努力還是不能發揮能力。這是必要的時候，腦波未能成爲中速α波的狀態所致。腦波不湧出中速α波，意識與潛在意識中間的門扉就不會打開，意識與潛在意識的資訊無法統合，就是超能力的人也發揮不出能力。普通的人，如果腦波爲中速α波的狀態，一定可以發揮驚人的能力。

左腦與右腦的腦波都成爲中速α波的狀態，就會進入ＥＳＰ（Extrasensory perception，超感覺或第六感旺盛的狀態）或ＰＫ（Psychokinesis，可以用精神的力量使物體移動）的世界。若中速α波的頻率與位相一致，可能就會成爲意志力強盛或有透視能力的人。

ＥＳＰ或ＰＫ等超能力的現象，被認爲

是：「非科學的」而遭一般人否定。事實上，這是生命現象尚未科學化的部分，決不是「非科學的」。腦波湧出強勁的中速α波時，第六感特別強，有時可以體驗近於透視物體的能力或預知事情演變。亦可能體驗奇跡的成功。

可以安全、有效的導出腦波的中速α波之MY TRAINER αx，可以說是人類最大的福音。

耳機　　MY TRAINER αx

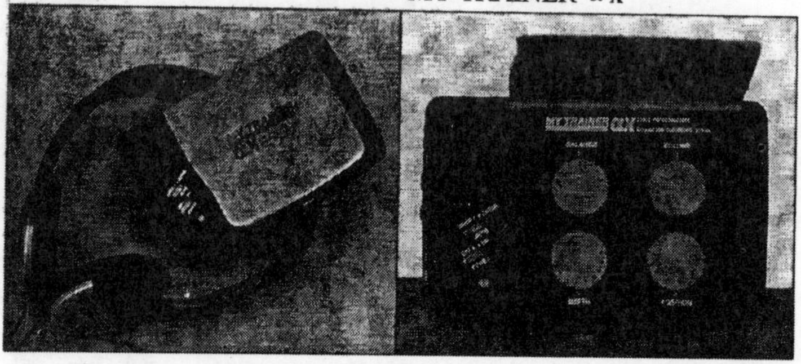

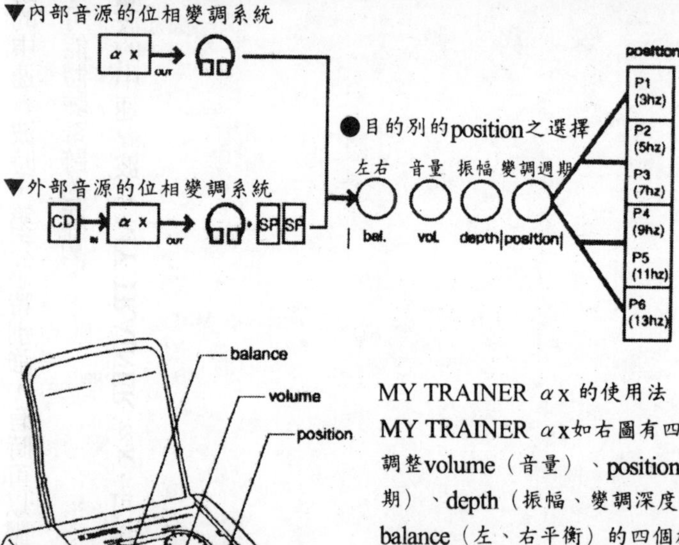

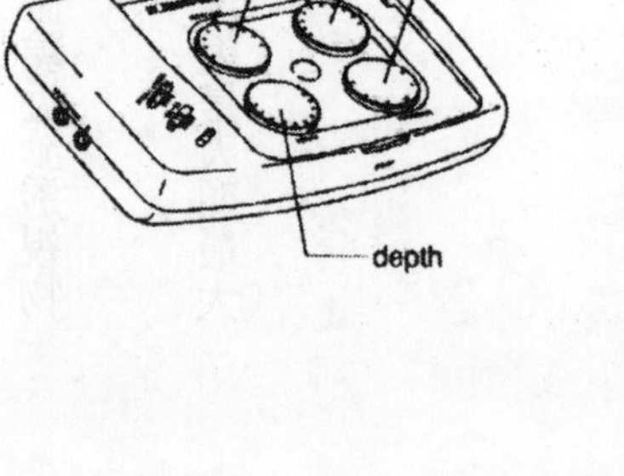

MY TRAINER αx 的使用法

MY TRAINER αx如右圖有四個旋鈕，調整volume（音量）、position（變調周期）、depth（振幅、變調深度）、balance（左、右平衡）的四個旋鈕。position依使用目的選擇1～6。P1有超放鬆效果。P2～P5可發揮創造力或靈感、消除緊張之效果。P6有增進幹勁與活力的效果。甚麼時候選定那一 position 才好，請參閱第五章，或電(02)561-6681譯者洽詢。

第五章 以「生命媒體」積極開拓自己的人生

（志賀一雅與生命媒體研究會）

已知α波為中心的腦波是塑造
健康的，能按照自己所想的去發揮能力的自我之關鍵

MY TRAINER αx可以與收音機、電視機、CD、PC、
TAPE等媒體連動
將所有的音響變調成為「生命音響」
使能以自己的意思，自由的控制自己的腦波之「夢」的機器。

在此介紹「生命媒體」第一號機
MY TRAINER αx對日常生活有用的
腦波控制方法。

（請參閱136頁的MY TRAINER αx之作用說明圖）

Q1 朝上醒來還是不想起床，如何是好？

朝上醒來時的心情是那一天是否能過得很充實的關鍵。醒來時，覺得很舒爽，那一天一定可以過得很充實。

醒來時，若有：「多睡一會兒，那該多好！」的念頭，瞬間就會自腦下垂體分泌出促使身體傾向於休息的荷爾蒙，使得那一天整天都是昏昏沉沉地，做甚麼事都提不起精神。

睡眠的時間雖然短，但朝晨醒來，伸張軀體，並意識「啊！昨夜眞睡了一個好覺，眞是舒爽！」。只要在腦裡意識：睡得很好，腦下垂體就會分泌出促使身體細胞活化的荷爾蒙，在不到二十秒的時間內就會遍布全身，使全身感到舒爽。

若能以「P4」－「P5」的頻率，聆聽十來分鐘 MY TRAINER αx 的聲音，效果更佳。因爲「P4」－「P5」的頻率可誘導腦波中的中速α波及快速α波成爲優勢波，有促使幹勁復甦之功。

使用 MY TRAINER αx，朝上起床精神飽滿

Q2 如何才能熟睡？

早上醒來時要覺得愉快舒爽，最好的方法是夜晚能夠熟睡。最好是忘記一天所遭遇到的不愉快或討厭的事，上床之後，只想著要睡覺就好了。

然而，躺在床上，在腦裡胡思亂想，導致失眠的人還是不少。躺在床上，久久不能入眠的人，腦波一定是β波爲優勢波。這時，自腦下垂體會分泌出腎上腺素(Adrenalin)等興奮的荷爾蒙，使得越想睡，越睡不著。

要熟睡，上床之後切勿胡思亂想，宜努力使心情放鬆，若不能忘懷今天所遭遇的事，宜想使你感到稱心如意的事，不要想起討厭或不愉快的事，並感謝自己及家人能平安的過了一天。

心裡焦慮或有想不開的事而鬱悶時，絕不可能湧出感謝的心情。這個時候，如能使用MY TRAINER αx，以「P1」—「P2」的頻率，聆聽內部音源的聲音或適於靜靜的聆聽之音樂，就會誘導腦波的θ波成爲優勢波，使你很快進入熟睡的狀態。

就寢前使用 MY TRAINER αx，絕不會睡不著覺

Q3 通勤、通學在車上的時間如何有效使用？

最近長距離的通勤或通學已成爲當然的事。每天都要花一個小時以上的時間在交通上的比比皆是。

怎樣使用在車上的時間，將使發揮能力產生很大的差異。在擁擠的車內著急，只會使腦波的β波成爲優勢波，而更緊張、煩惱、焦慮，到了目的地已疲勞不堪，那能發揮能力？

在吵雜、充滿噪音的環境，腦波是不易出現α波的。這個時候，MY TRAINER αx就很有用了。把音量調大一些，使聽不到周圍的噪音，只能聽到MY TRAINER αx發出的聲音，以「P4」－「P5」，聆聽喜歡的音樂或內部音源的「嗡！嗡！」聲，就會誘導腦波出現α波。若聆聽教學錄音帶，效果更佳。養成習慣，持續使用一年看看，在不知不覺之中，一定會使你感到驚奇！

如果有重要的商談約會，在上班的車上，使腦波的α波成爲優勢波，並在心裡想著商談順利成功的景象，正式的商談一定會順利成功。

願你能依自己的目的，想想各種有效的使用方法！

在擁擠的車上，使用 MY TRAINER αx 放鬆身心，可以把擠車的時間變成提高能力的時間喔！

Q4 討厭學習語言，怎樣才能學好呢？

我一再強調，做任何事，若能快快樂樂的去做，效率一定可以提高。學習語言，最重要的是消除「我討厭學語言」的意識。沒有「討厭學語言」的意識，才能愉快的學習。

話雖這麼說，但要把自己討厭的事，馬上變成自己喜歡的事並不容易。討厭學習語言的人，要提高學習語言的能力，最好的方法是：使用生命媒體MY TRAINER αx，以外部音源，一面聆聽自己喜愛的音樂，一面學習語言。

學語言時，不要急著要把它記憶起來，自然就會記起來。以「P4」—「P5」像聽背景音樂（Background music）一樣，一面聆聽錄音帶或CD的音樂，另一面做自己喜歡的事，或在心裡想著高興、愉快的事，放鬆身心。腦波就會出現強勁的α波。以內部音源或外部音源聽自己喜歡的音樂，把頻率調整爲「P4」—「P5」聆聽，就會誘導腦波出現強勁的α波。這時，開始閱讀講義或教科書，自然就會記憶，永不會忘記。

而且，在腦裡會留下學語言是愉快的事之印象，在不知不覺之中，討厭的語言亦會變成喜歡的。

使用 MY TRAINER αx 可更提高集中力與記憶力！

Q5 如何更能自音樂獲得快樂？

AM變調的音響之威力已獲得很多專家（如第一章介紹的宮下富實夫先生或池聰行先生等）的贊賞。希望你亦能使用MY TRAINER αx，親身體驗看看！

也許你已經有這種經驗：在極端煩惱或苦悶時，想聽明快的音樂轉變心情，並不容易。煩惱或苦悶時的腦波以β波為優勢波，聽到明快的音樂亦無法接受。

煩惱或苦悶時，若聽悲愴、哀怨的音樂，反而易於打開心胸。在「音樂療法」把此種現象稱為：「同質的原理」。

煩惱或苦悶時，若能聽柴可夫斯基的「悲愴」交響樂等，旋律陰暗的音樂，一定有效。這種音樂，旋律雖然是陰暗的，但其中亦含有可以振奮心靈的明快的音素。聆聽一段時間之後，心情就會慢慢安定下來，誘導腦波的α波成為優勢波，你就可以獲得快樂了。

聆聽時，如能依當時的心情，調整MY TRAINER αx的變調位階為適當的位階，效果更佳。

以 MY TRAINER αx 聽錄音帶或 CD 的音樂，
有如在演奏會現場聆聽一樣的感覺。

Q6 不能集中精神讀書時應如何？

像讀書等知性的作業時，只有整個大腦在甦醒的狀態，才能集中精神，從事作業。

假如有讀書用功時，常常要以左手玩弄筆或橡皮擦的人。一方面讀書，一方面玩弄橡皮擦，或許會被認爲精神未能集中。但，這是在無意識之中，刺激著運動的大腦，是使大腦甦醒的方法之一。

要使整個大腦甦醒，以聲音刺激大腦重要部位的腦幹之網狀體，是最有效的方法。若以 MY TRAINER αx 來聆聽生命音響，效果更佳。

使用 MY TRAINER αx，可使用內部音源，也可使用外部音源聆聽自己喜歡的音樂，以「P4」—「P5」，一邊聽，一邊讀書，整個大腦很快就會活化起來，即可集中精神讀書。

要以外部音源聽音樂時，務請選用自己喜歡的音樂。勉強以自己討厭的音樂來聽，腦波有時會出現強勁的 β 波，反而不能集中精神讀書，應請特別注意。

討厭讀書的人或不得不閱讀自己不太喜歡的書時，若能在開始讀書之前，在心裡告訴自己：「這是一本很有趣的書」，你就不會再討厭讀書了。

不太喜歡的書，使用 MY TRAINER αx ，就能愉快的閱讀下去‧

Q7 有沒有健康的消除壓力之方法？

複雜的現代社會易造成焦慮、著急、不滿或緊張，這些都是形成壓力的原因。長時間承受壓力，頭腦就會分泌出會使血壓或血糖值升高的腎上腺素 adrenalin，使身體狀況惡化。現代人的疾病，有七成是因工作或生活上的壓力導致的。所以必須隨時消除累積在體內的壓力，才能保持健康。

打高爾夫球、坐禪、練氣功都可消除體內的壓力。而 MY TRAINER αx 亦可以說是消除緊張、壓力的機器，其效用已如前面所述，在此不再重複說明，請諒察。

但有一很重要的要素，不得不說明清楚。那就是自己的心情。

據某學者說，緊張、壓力是：想戒煙卻戒不掉的狀態，或想寄出信函卻又未寄出的狀態。

一個人只要下定決心，確定「要做」或「不要做」，瞬間緊張、壓力自然就會消失。還是不行時，我勸你使用 MY TRAINER αx，以「P1」—「P3」聆聽內部音源的聲音或以外部音源聆聽自己喜歡的音樂看看，一定會有意想不到的效果。

戒煙的焦慮是壓力的來源，首先應明確決定是否戒煙。

Q8 能改善身體虛弱，時常生病的狀況嗎？

有生命的動植物，本來就有自然治癒力。一個人有了輕微的疾病，不去看醫師診治，也會自然的痊癒。

自然治癒力亦可稱爲免疫力。生物中免疫力較強的是各種植物。因爲植物遇到強敵時，無法逃避。動物遇到強敵時，都能逃避，故免疫力沒有植物那麼強。人類的免疫力本來就不強，加上現代人又未能逃避緊張或各種壓力的襲擊，只依賴藥物過日子，使得免疫力更加降低。身體所以會虛弱，就是由此而導致的。

要把虛弱的身體變成強壯的身體，就得先恢復自然治癒力、免疫力。要恢復自然治癒力、免疫力，就得先使紊亂的自律神經恢復正常。恢復自律神經正常狀態的關鍵在整備對自律神經發出各種指令的腦之狀態。

如能養成使用 MY TRAINER αx 控制腦波的習慣，隨時使腦波的α波成爲優勢波，紊亂的自律神經自然會恢復正常，自然治癒力、免疫力就會增強，虛弱的身體會逐漸變成強壯的身體，成爲百病不侵的身體。

以「P4」—「P5」的變調強度聆聽原音或音樂聲，效果尤佳，特爲介紹。

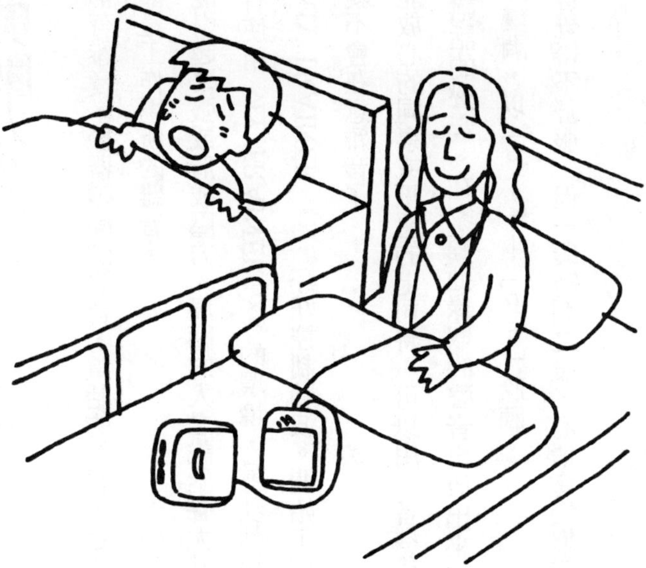

生病時，腦波若能成為α波狀態，自然治癒力就會提高。

Q9 如何消除因工作場所的雜音引起的緊張與壓力？

工作場所難免都有雜音，機器轉動的聲音、電話的鈴聲、ＯＡ機器發出的電子聲、周圍的人之說話聲都是工作場所的雜音。

各種雜音都可能引起緊張或形成壓力。周圍的人之說話聲尤其會導致緊張與壓力。工作中也許沒有使用 MY TRAINER αx 的環境，最好利用上班前在家裡或利用通勤的時間，使用 MY TRAINER αx，好好控制腦波。開始工作，就可全精神投入工作。積極工作時，就不會在意雜音了。

若有怎樣都不能放心的同事或厭惡的上司時，可以用錄音機偷偷的錄取不能放心的同事或厭惡的上司講話的聲音。在家裡把錄取的聲音再放出來，並將其聲音以 MY TRAINER αx 加以變調，以「Ｐ４」－「Ｐ５」聆聽。

開始聽時也許會覺得不舒服，但一段時間之後，心情會慢慢安靜下來，厭惡的人就會變成自己喜歡的人了。

能使厭惡的人，變成喜歡的人，甚至尊敬的人，你的人際關係亦會獲得改善喔！工作環境的雜音，不再是引起緊張、形成壓力的雜音時，你就不會緊張或感受壓力了。

討厭的上司的聲音以MY TRAINER αx來聽就可克服討厭意識。

Q 10 聽覺有障礙的人是否有效果？

要以音響刺激頭腦，最大的問題是重聽或聽覺有障礙的人是否有效？聽不見聲響，當然不可能刺激頭腦。但AM變調的音響，重聽或聽覺有障礙的人或許聽不見其音響，但其音響的振動波會透過骨骼傳到頭腦，而產生活化頭腦的效果。

MY TRAINER αx 發出的聲音，本來就含有 23.49kHZ 一般人的聽覺亦不能感知的聲音（聽不見的音響），其活化頭腦的效果尤大。

人的能力，左、右並不一樣。有些人右眼的視力較佳，有些人則左眼的視力較好；有些人右腕較有力，有些人則左腕較有力。聽覺亦有左、右的差異。右耳聽到音響對左腦的刺激較大，左耳聽到的音響對右腦的刺激較大。這是研究大腦生理學者一致的共識。經常接受某一方的刺激較大時，左、右腦作用力之差異就會越來越大。

MY TRAINER αx 附有平衡左、右音量的機能，可將較重聽的一方之音量提高，就會產生平衡左、右腦作用的功效。

聽覺障礙的人MY TRAINER αx的聲音亦可直接對腦產生作用。

Q11 怎樣才能使自己的願望實現？

要實現自己的願望，首先必須先把自己的願望具體的確定。像希望獲得幸福，或希望成爲富有的人等，漠然的願望絕不可能實現。必須將自己的願望具體的確定。例如在一年內希望能有自己的汽車，並把願望刻在潛在腦之中。此時，最重要、且最有效的方法是要使腦波的α波成爲優勢波。

要使腦波湧出α波，到目前爲止已有不少產品可資利用，但我還是要勸各位，最好使用生命媒體 MY TRAINER αx。以「P4」—「P5」一面聽內部音源或自己喜歡的音樂，一方面閉起眼睛，在心裡想像自己的願望實現的情景，像瞑想時把自己的願望告訴潛在意識。

願望刻在潛在意識，自然就會湧出達成願望的知慧與意欲，全身細胞都會向實現願望的方向活動。總而言之，腦會計算出向目標的路程，並命令所有的身體細胞採取必要的行動。

中途受到阻礙，因腦具有回饋控制機能，此時即會開始作用，自動修正目標與現實的差距，使其差距等於零。只要誠實行動，願望終能實現。

使用 MY TRAINER αx 使腦波成為 α 波的狀態，
就可輕鬆的集中精神用功。

Q12　如何才能在大衆面前不怯場？

在大家面前或找工作時的面談時會怯場，是太過緊張的緣故。人一緊張，嘴巴的動作就不靈活，呼吸與脈搏亦會紊亂，頭腦轉動趨於遲鈍。站在不好對付的人之面前或廣大群眾面前，一怯場，就說不出話。此時的腦波一定是β波(14~26HZ)爲強勢波。

以MY TRAINER αx誘導腦波的α波成爲優勢波，緊張的狀態即可消除，怯場的情況即可獲得改善。但不便在別人面前或大眾面前戴著頭機（耳機）交談或發表演講。所以必須在事前以MY TRAINER αx的內部音源或以外部音源聆聽自己喜歡的音樂，以「P4」—「P5」的變調周期聆聽，誘導腦波的α波成爲優勢波，使心情鎮靜下來，並在腦海裡想像自己在不好對付的人之面前，信心十足的回答問題或在大眾面前流利的演講之情景。

這樣做可塑造成爲令自己滿意的自我。若能有效的驅使心裡想像的情景，腦波的α波會更爲強勢，眞正站在不好對付的人之面前或在大眾面前就不會再有怯場的狀態了。

這和運動選手的精神訓練之道理是一樣的。

面談或交涉時焦慮得說不出話來時，請使用 MY TRAINER αx 放鬆身心。

Q13 希望使自己變得更天眞，有甚麼好方法？

一個人所以會失去天眞、老實，最主要的原因是對自己沒有信心。對自己沒有信心，做甚麼事都害怕失敗，因而不能勇敢的自我表現。

要使自己變成更天眞的人，就是甚麼事都要向前去嘗試。在心裡想著：「我一定可以做到」，就眞的可以做到喔！

醫師給傷風的病患維生素，並對病患說：「這藥對傷風很有效，三餐飯後服用一包，並多喝水，二天病就會好！」，眞的，患傷風的病患二天就好起來了。這就是所謂的「僞藥效果」。任何東西都有其物理生理效用與使用的人之心理生理效用。物理生理效用是一定的，但使用者的心理生理效用可能無限大。心理認爲有效，就眞的有效。

以MY TRAINER αx的內部音源或以外部音源聆聽自己喜歡的音樂，以「P4」—「P5」，一邊聆聽，一邊在心理告訴自己：「我一定能○○」，並把它記在腦中，就會喚起你的信心，很快就會變成天眞、老實的人。

當然囉，雖然在心裡想著：「我會成功」，有時亦會遭遇失敗。若能將「我會成功」永記在心裡，就易湧出「失敗並不可恥，下次我一定會成功」的挑戰精神。

MY TRAINER　αx 用於運動時亦很有效。使用 MY TRAINER αx，並在心裡想著打全疊打的情景看看。

Q14 如何養成直觀力？

希望提高直覺力或理解力等直觀力時，應先使腦波的θ波成爲優勢波。

使用生命媒體產生器 MY TRAINER αx 的內部音源或外部音源，變調周期（position）以「P2」—「P3」聆聽，腦波的θ波就會強盛起來，成爲優勢波，直覺力、理解力、靈感就會增強。

但腦波的θ波爲優勢波時，幹勁或活力會衰退，應請特別注意。故以「P2」—「P3」的變調周期聆聽，誘導腦波的θ波成爲強勢波後，最好能以「P6」的變調周期以β波爲強勢波再刺激頭腦，使大腦覺醒。

在就寢之前或夢中，易出現優異的創意或想出一直想不出解決辦法的問題之解決方法。這是就寢前或睡眠中，意識易自日常的緊張狀態解放，使潛在腦力易於作用之故。只是要獲得切實可行的創意或解決問題的方法，平常就得重視問題意識，將必要的資訊不斷輸入潛在腦力之中。

必須靈感或直覺時 MY TRAINER αx 至為便利。

Q15 如何能感知「氣」，並使用「氣」？

如在本書第一章所述，「氣」是一種「生命音波」(Bio wave)。以「生命媒體產生器」MY TRAINER αx 訓練感知「生命音波」的能力，自然會感知「氣」。「氣」究竟是甚麼？到目前尚未解明，但從各種實驗已證實「氣」會表現在腦波上。反過來說，如能自由控制腦波，就可自由使用「氣」。

依中國的氣功術，「氣」大致可分爲：「外氣功」與「內氣功」兩種。即「外氣」與「內氣」。可以向身體外發出去的「氣」便是「外氣」。

要訓練「外氣」，必須使腦波出現強盛的θ波(4~7HZ)。要使用 MY TRAINER αx 來訓練時，變調周期(position)以「P2」—「P3」最有效（參照前項）。

與「外氣」相對的，可在體內控制的「氣」是「內氣」。「內氣」與腦波的α波(8~13HZ)之關係至爲密切。即腦波的α波強盛時最容易產生「內氣」。以「P4」—「P5」的變調周期可誘導腦波出現強盛的中速α波(9~10HZ)，以此訓練「內氣」效果最佳。

如能訓練至可自由控制腦波，你已是「氣」的高手了。

精通「氣」的人，或許可察知對方的心思。

後記

著迷於有趣的腦波之α波，持續研究α波已超過了二十年。以往，研究腦波，都是偏於醫學的領域，以如何發現腦異常，或如何診斷、治療腦疾患等臨床爲中心。而我研究的領域並不是如何發現腦異常或診斷、治療腦疾患的問題。我研究腦波的對象是健康的人，在更健康的狀態，如何才能充分發揮自己所具有的能力，亦就是研究腦機能最佳狀態的腦波，感到臨床並不重視的α腦波具有很深的意義。

獲得將棋棋聖米長邦雄、棒球打擊王落合博滿、記憶力優異，可以記憶小數點以下四萬位數的圓周率之友寄英哲先生、空手道名手等的協助，同時亦找一些著名的音樂家、畫家、書法家或奇術師、氣功師、超能力者等各領域的名人，實際測定其發揮優異能力時的腦波，發現不論是知性的活動或運動或創造，能充分發揮能力創造佳績時，腦波都可觀察到強勁的α波，而且自左腦至右腦，以同一頻率同步。

雖然具特異能力，被目爲「能力者」的人，從事其不拿手或心理感覺不快的狀態時，腦波卻看不出有α波，而都是β波為多。因本人具特異能力，可以高明的應付，但還是易形成疲勞。

普通人從事自己嗜好的事或遊戲時，腦波亦會湧出很多α波，但從事不是自己嗜好的事或讀書用功時，腦波差不多都是β波的狀態。在β波的狀態工作或讀書，精神無法集中，而且很容易疲倦。若以β波的狀態持續下去，健康亦會受到危害。

我極力的倡導：難得的人生，何不造成努力工作時或讀書時，或參加重要的考試或比賽時，腦波能反射的湧出α波，能充分發揮能力的自我呢?!很多運動選手或運動團隊接受了我的建議，除了不斷訓練技術，更重視精神訓練，使腦波在必要時能湧出強勁的α波，在國際的重要比賽中，從容發揮能力，獲得優勝或金牌獎，稱霸於日本全國或世界者比比皆是。

生命媒體剛問世，尚未能喚起各界人士的關心，但參與執筆撰寫本書的諸位生命媒體研究會的成員，均能積極的活用我的提案，盡心盡力的從事啓蒙的工作，拓展生命媒體實踐的領域，至為欣慰。

不久就要迎接新的二十一世紀。若照目前社會變遷的動向來看，地球的生活環境必將更嚴酷。在嚴酷的環境中生活，壓力一定更大，整個社會可能成為緊張的社會。想回歸自然，逃避嚴酷的環境之考驗根本不可能。因此，每一個人都必須以自己的洞察力，慎審解讀社會的動向，好好因應了。

為幫助各位提高因應社會變遷的能力，我們生命媒體研究會的成員極力倡導生命媒體的概念，期望在嚴酷的生活環境注入一些潤滑劑，使大家都能保持身心的健康，並促進大家能創造建設性的思考與行動。

我們的第一步是奉勸各位能積極的活用音響媒體。每一個人的周圍無時不充滿著各種聲音的波動。很多人把充滿在身邊的聲音當做「雜音」。實際上，聲音並沒有所謂的「雜音」，所有的聲音都含有某些資訊的波動，本書旨在提供給各位有效利用各種波動的方法。

具體的說，就是要各位活用我所開發的 MY TRAINER αx。MY TRAINER αx 產生的音響與透過 MY TRAINER αx 來聽的音樂或音響之中，含有很多可以滋潤身心的要素。

生命現象尚未能全部以科學的方法來說明，有些部分，如靈感等尚無法以科學方法說明。然而，觀察其現象，雖未能以現有的理論說明，但世間已有很多方法，可以使多數人獲得明確的效果，而且無不良的副作用，如虔誠的祈禱等。

我衷心的期待，我開發的生命媒體第一彈，MY TRAINER αx 能為多數人所活用。不僅消極的用以消除身心的壓力或緊張，放鬆身心，更期待愛用者能積極的用以塑造能克服身心的一切壓力與緊張，健康的自我。

我衷心的祈禱：MY TRAINER αx 能迅速普及。

一九九五年十月吉日

腦力開發研究所

志賀 一雅

◎讀了本書之後，如有有關「生命媒體」的問題，歡迎來函或來電：「生命媒體研究會台北分會」譯者洽詢。

地址：台北市松江路28號12樓之2

東興企業股份有限公司內

電話：(〇二)五六一－六六八一

傳真：(〇二)五六七－一三四八

國家圖書館出版品預行編目資料

潛能開發革命－ 開拓新世紀的生命媒體

／志賀一雅、生命媒體研究會共著；陳埵拱譯. --初版.
--臺北市：臺灣學生，民85
面； 公分
ISBN 957-15-0768-7(平裝)

1.思考
2.創造

176.4　　85007799

潛能開發革命
—開拓新世紀的生命媒體

著作者：志賀一雅
　　　　生命媒體研究會
譯者：陳埵拱
出版者：臺灣學生書局
發行人：丁文治
發行所：臺灣學生書局
臺北市和平東路一段一九八號
郵政劃撥帳號○○○二四六六八號
電話：三六三四一五六
傳眞：三六三六三三四

本書局登記證字號：行政院新聞局局版臺業字第一一○○號

印刷所：常新印刷有限公司
地址：板橋市翠華街8巷13號
電話：九五二四二一九

定價平裝新臺幣一八○元

中華民國八十五年七月初版

17642

ISBN 957-15-0768-7（平裝）